像绅士淑女一样服务

一样服务

丽思卡尔顿创始人的服务心经

［美］ 霍斯特·舒尔茨（Horst Schulze）
迪恩·梅里尔（Dean Merrill） 著
鲁仕齐 译

EXCELLENCE WINS

A No-Nonsense Guide to Becoming the Best in a World of Compromise

机械工业出版社
CHINA MACHINE PRESS

图书在版编目（CIP）数据

像绅士淑女一样服务：丽思卡尔顿创始人的服务心经 /（美）霍斯特·舒尔茨（Horst Schulze），（美）迪恩·梅里尔（Dean Merrill）著；鲁仕齐译 . -- 北京：机械工业出版社，2022.3（2025.6 重印）

书名原文：Excellence Wins: A No-Nonsense Guide to Becoming the Best in a World of Compromise

ISBN 978-7-111-70377-8

I. ①像… II. ①霍… ②迪… ③鲁… III. ①企业管理 - 销售服务 IV. ① F274

中国版本图书馆 CIP 数据核字（2022）第 046035 号

北京市版权局著作权合同登记　图字：01-2021-3903 号。

像绅士淑女一样服务：丽思卡尔顿创始人的服务心经

出版发行：机械工业出版社（北京市西城区百万庄大街 22 号　邮政编码：100037）

责任编辑：岳晓月

责任校对：马荣敏

印　　刷：涿州市京南印刷厂

版　　次：2025 年 6 月第 1 版第 17 次印刷

开　　本：147mm×210mm　1/32

印　　张：7.75

书　　号：ISBN 978-7-111-70377-8

定　　价：79.00 元

客服电话：（010）88361066　68326294

感谢我的家人，在我多年繁忙的行程中给予我耐心与支持。

霍斯特·舒尔茨创造的服务文化，值得被我们每个人当作学习的典范。他致力于追求最高标准的专业精神，并打造了一套让这些标准得以实现的优秀体系。他激励了成千上万的人接纳并践行纯粹的卓越精神，把追求卓越当作理想。在这本让人受益匪浅的书中，霍斯特分享了他的故事、他的方法，让我们有机会接受大师的教导与点拨。

——吉姆·柯林斯（Jim Collins）

《从优秀到卓越》作者、《基业长青》合著者

毫无疑问，霍斯特·舒尔茨对我的家庭与事业都影响甚深。他的客户服务模式让酒店行业焕然一新，是我们所有人心中的标杆。霍斯特的新著《像绅士淑女一样服务》，将他的个人故事与他从难以置信的仆人式领导生涯中积累的务实智慧穿插在一起。这

是一本所有管理者与服务业从业者的必读之书。

——丹·凯茜（Dan Cathy）

福乐鸡（Chick-fil-A）董事长、总裁兼首席执行官

业界杰出人士都把霍斯特·舒尔茨视为世界酒店行业的领军人物，但他的影响力远远超出了酒店行业。这一切不是徒有其名，几十年来，他一直是客户服务领域的意见领袖。如今，我们有了这本解读卓越客户服务的神功秘籍——舒尔茨的新著《像绅士淑女一样服务》。对于任何一个期望自己的组织成为行业最佳的领导者来说，本书无疑是一本极有帮助的好书。

——蒂姆·欧文博士（Dr. Tim Irwin）

《纽约时报》畅销书作家，领导学权威

《像绅士淑女一样服务》一书记述了霍斯特·舒尔茨的励志故事和经验智慧，它为你提供了通往卓越的路线图。这是管理者、领导者乃至每一位追求卓越的人都不能错过的好书。

——凯·詹姆斯（Kay C. James）

美国传统基金会主席

霍斯特·舒尔茨是世上受人喜爱、独具创新、成绩斐然的酒店经营者之一。霍斯特对卓越的追求声名在外，让世界各地投资

了他众多传奇酒店与实业的人都自发地拥护和追随他。如今的人们，无论是曾与霍斯特并肩共事，还是从他人口中听闻过霍斯特超凡的领导才能，都会发自内心地尊敬他，视他为历史上举足轻重、德高望重的原创思想家之一。

——理查德·斯蒂芬森（Richard J. Stephenson）
美国癌症治疗中心创始人兼董事会主席

　　若想找寻一条既充满希望又实用的成功之路，希望朝着成为商界、非营利性组织、政界或学术界卓越的领导者努力的话，那这本《像绅士淑女一样服务》是你的不二之选。在这本引人入胜的回忆录中，霍斯特·舒尔茨将其领导哲学娓娓道来，而身为当今酒店业界的顶级服务大师、最具远见的意见领袖，其领导哲学已经成为霍斯特这位卓越的酒店经营者的独家标签。作为一名学院院长，我推荐你读读本书，听取其中的教导，从而激发你追求卓越的激情，为你的人生与事业开辟一条通往成功的光明大道。

——琼·亨顿（June Henton）
奥本大学人类学院院长

作为世界闻名的丽思卡尔顿集团创始人，霍斯特·舒尔茨无疑是当今酒店业乃至整个服务业领域的泰斗。霍斯特的个人经历堪称传奇，商界成就更是光彩斐然。霍斯特用平易近人的语言，将他几十年来的事业和人生经验娓娓道来，完成了这本近乎自传的酒店业宝典。本书正文分为三部分，分别从客户服务、员工激励和领导力构建方面，详略得当地阐述了他本人的服务价值观与管理哲学。在本书中，霍斯特浓缩了毕生的经营管理经验，为读者送上了一本内容翔实的经营秘籍。本书融入了霍斯特的许多亲身经历，用故事讲道理，介绍了"何为卓越"和"如何实现卓越"两大主题，让人读来丝毫没有距离感，就像是在听一位循循善诱的长者讲述自己的所见所闻。此译本是首版汉译，译者希望用通俗易懂、简明得当的语言，传达作者在书中提出的理念与观点，最大限度地保留原作的文笔与风貌。

简洁精要是霍斯特的语言特点之一。在本书中，很多观点都只用一句话来概述，例如对"三大普遍需求"的概括，对"三类客户"的分类定义等。这样的概述性语句虽然简短，但在阅读时可以帮助读者提纲挈领地体会作者的意旨所在。此外，霍斯特还在书中直接引用了许多他在酒店经营中制定的条文规章（例如嘉佩乐酒店的员工服务准则），能让读者更直观地了解当今服务业的标杆。

在本书开篇，霍斯特便开门见山地阐述了他眼中"服务"的定义范围，在后面的章节中也能看出，霍斯特所言之"服务"，其实是一种更为广义的概念。他认为，每一份工作其实都是在为特定的对象"服务"，而所谓"商业"，就是人与人之间交际联系的集合体。没有人活在真空中，只要你在生活中需要与人打交道，只要你的生活中有需要与人打交道的场合，那么本书中的宝贵经验与先进理念一定能让你有所收获。让自己拥有一颗追求卓越的心，那么成功绝不会与你背道而驰。

鲁仕齐

2021 年 3 月

当霍斯特·舒尔茨拜托我为《像绅士淑女一样服务》撰写推荐序时，我感到受宠若惊。为什么这么说呢？因为40多年来，我在世界各地曾与百余位公司首席执行官和总裁共事，而霍斯特·舒尔茨在我心中的地位可以轻松进入前五。

在霍斯特担任丽思卡尔顿酒店公司总裁兼首席运营官期间，我亲眼见证并彻底领悟了一位领袖对一个组织的影响之深。对于工作成效和人际关系，霍斯特总能寻获"兼得"之道，并且他将这样的处世哲学贯彻到对员工的管理之中，贯彻到手下员工对客户的服务之中，进而贯彻到整个公司的上上下下。霍斯特和我有一条明确的共识：若能为员工搭建一个催人上进的环境，激励他们用心服务客户，那么公司自然会在盈利方面获得回报。

在职业生涯中，霍斯特通过三种方式构建了自己的领导哲学。这三种方式让我深有同感，本书将会逐一介绍它们。

1. **霍斯特始终是一位梦想家和远见者**。孩提时期，在德国生活的霍斯特就曾对家人说自己想在酒店工作。在他成长的路上，他的家人一直试图劝说他改换志向，但他心意已决，丝毫不受影响，决心追寻自己的梦想。在结束三年酒店学徒生涯时，年轻的霍斯特讲出了那句经典名言：以绅士淑女的态度为绅士淑女们忠诚服务。这句话后来不仅成了他的座右铭，也成了他的每一位下属的座右铭。我永远不会忘记，当年在亚特兰大丽思卡尔顿酒店霍斯特的办公室，我有幸目睹了霍斯特与员工的一次站会。只要他人在城里，这样的会议就会在每周初例行召开。在会上，霍斯特希望每一个人都知道前进的方向，并给大家发言的机会说出他们本周的顾虑，然后和大家一起对至少一条酒店服务标准提出改进。在追求卓越方面，霍斯特始终坚信，要想让酒店员工坚持贯彻所学到的服务规范，最好的方法就是不断重复与强化。

2. **霍斯特始终把员工视为商业伙伴**。许多年前，霍斯特做了一件让丽思卡尔顿酒店公司内外的人都不敢相信的事，那就是公司制定了一条规章制度，授权每一位员工在满足顾客需求时，最高可以动用 2000 美元之多的资金，以确保每一位顾客的需求能够得到满足。他相信自己下属的判断，而且乐于收集那些印证自己正确的小故事。在这些故事的主角中，我特别喜欢那个名叫玛丽的客房清洁工。她曾从亚特兰大专程飞往夏威夷，只为帮助一位将笔记本电脑忘在房间的客人。这位客人第二天下午就要在檀香山的某国际会议上发表重要演讲，急需自己的电脑。玛丽担心快递员不能连夜把电脑及时送到客人手中，所以选择亲自为这位客人把电脑送过去。玛丽有没有趁机在夏威夷度个小假呢？没有！她紧接着就搭乘最近的航班返回了亚特兰大。你猜在亚特兰大等候她的是什么？是一封霍斯特亲笔书写的嘉奖信，以及酒店所有同事的击掌庆贺。

3. 霍斯特始终是一位典型的仆人式领导者。让我来引用几句他在本书第 6 章中的原话：

> 没有几个人来上班是想消极怠工或随便混混的。大家工作都是为了某个目标而努力付出。我们邀请别人加入，就要为他们安排合适的位置，让他们充分发挥自己的才能。我们不能像从书架上随手拿本书那样挑选员工……我们要把他们当成与自己平等的人，去了解他们，并针对他们的独特性情精心挑选适合他们的工作任务，激发他们的潜能。这样，员工就能长期保持优秀，这不仅对他们有利，也会让整个组织受益。

你能选中这本书我感到很欣慰。你会爱上本书字里行间的睿智言论，它们都是霍斯特·舒尔茨本人的一手经验，而这些精彩的故事与教导，会让你在管理自己的组织时受益匪浅。最后，我相信你会领悟到服务的真谛——赢在卓越。

肯·布兰佳

肯·布兰佳（Ken Blanchard），肯·布兰佳公司联合创始人和首席精神官，曾参与合著《一分钟经理人》（新版）（*The New One Minute Manager*）、《顾客也疯狂》（*Raving Fans*）和《仆人式领导力在行动》（*Servant Leadership in Action*）。

霍斯特·舒尔茨（Horst Schulze）生于德国的一个小村庄，
出身底层的他一步步成为世界公认的酒店行业领跑者。他 1964
年来到美国，在希尔顿酒店工作，随后在凯悦集团任职 9 年，并
从地区经理升到地区副总裁，再到公司副总裁。

1983 年，他受命去打造北美市场的酒店新品牌：丽思卡尔
顿酒店。在接下来的 19 年间，丽思卡尔顿在他的领导下从无到
有，并发展到坐拥 55 家门店的连锁酒店集团，版图覆盖全球 11
个国家。作为公司总裁兼首席运营官，霍斯特屡获殊荣：1991 年
被《酒店》（Hotels）杂志评为"世界级酒店经理"；3 年后，美国
质量学会（ASQ）授予其石川馨奖章（Ishikawa Medal），以表彰
他"在改进人力资源质量方面做出重要贡献"。

对丽思卡尔顿酒店来说，其历史上获得的最高荣誉便是著
名的美国马尔科姆·波多里奇国家质量奖（Malcolm Baldrige

National Quality Award），而且丽思卡尔顿曾两次获此殊荣（1992 年与 1999 年）。

2002 年，霍斯特再度挑战自我，独立创建了超豪华的嘉佩乐酒店集团（Capella Hotel Group），并在新加坡、杜塞尔多夫、上海、加勒比海、巴厘岛等地建立了超一流酒店，进一步抬高了酒店行业的标杆。

在霍斯特的职业生涯中，他作为一名演讲者，在各大商界领袖聚会、大学大会、CEO 组织峰会、柳溪全球领导力峰会以及各个邀请他担任顾问的公司中屡获赞誉。在这些活动中，他都以华盛顿演讲局成员的身份出席。

霍斯特和妻子雪莉育有四女，现居美国亚特兰大。

迪恩·梅里尔（Dean Merrill）现已出版了 9 本著作，并与人合著图书 40 余部。其中一些图书进入全美畅销书榜单，并荣获出版业各类奖项。在商业出版方面，他曾参与编著了戴维·格林（David Green）的《爱好之外》（*More Than a Hobby*）一书。戴维·格林是好必来（Hobby Lobby）连锁店的创始人兼首席执行官。《爱好之外》于 2005 年首版上市，直到十多年后的今天仍在畅销。

迪恩和妻子格蕾丝现居于美国科罗拉多州的斯普林斯。

Acknowledgements |致谢|

在书的开篇，我觉得应该写几句感谢的话，感谢那些曾影响了我的生活、工作、思想和事业的人们，他们对我的影响已融入了本书的字里行间。

说起来，要是把每个人都感谢一遍，怕是要占去半本书的篇幅。毫无疑问，如果没有我的爱妻，我绝不可能完成这一切——谢谢你，雪莉！还有来自我女儿的爱意，谢谢伊冯、亚历克西斯、布鲁克和阿里尔，你们每个人都做出了很多牺牲，每个人都是世上独一无二的珍贵礼物。

谢谢所有曾影响过我和我的事业的人。谢谢您，卡尔·泽特勒（Karl Zeitler），您是我人生中第一位师父。谢谢考盖特·福尔摩斯（Colgate Holmes）、奥托·凯泽（Otto Kaiser）和帕特·福利（Pat Foley）。

感谢每一位当年参与创建丽思卡尔顿的人，如果没有你们，这一切都不会存在。

所以，感谢埃德·斯塔罗斯（Ed Staros）、乔·弗莱妮（Joe Freni）和西格·布劳尔（Sigi Brauer）。感谢每一位门房、服务员、行李员、客房家政、厨师、帮工等，谢谢你们！

我爱你们所有人!

Contents | 目录 |

写在开始

在我们开始进入本书主题之前，让我们先来简单聊聊，该如何称呼那些我们希望用心服务的普罗大众。

若你和我一样，活动于一般的商界，大概会很自然地称他们为"顾客"或"宾客"，这也是我在本书后面章节中将会采用的称呼。

如果你是一位顾问或律师，你或许会称他们为"客户"。

如果你供职于政府机关，你会称他们为"公民"或"纳税人"。

如果你在非营利组织（如教会、布道机构、各类协会、宣传团体等）工作，你会称他们为"会员""捐赠人"或"选民"。

如果你是一位教职人员，你会称他们为"学生"（以及"家长"）。

如果你是一名医生、护士、医院行政人员或医疗看护行业的工作者，你会选用"患者"一词。

实际上，你们所服务的对象在本质上是同一类人，他们都希望我们能满足他们的需求——并且我们都深知这是我们必须完成的任务,否则我们将难以在如今这个人人匆忙而又联系密切的世界立足。标签并不重要,人们内心的欲望、情感、价值观和利益取舍才是核心。

因此,在阅读本书的过程中,你可以试着把书中的道理应用到自己的切身环境中,寻找能适用于你眼前挑战的信息点。

让我们开始吧。

男孩和梦想

那天下午，还没等我放学回到家里，我母亲就听说了我在课堂上的惊人之语。当时我在和小伙伴们踢足球，而一个爱管闲事的邻居向我母亲打了我的小报告。

"你知道你儿子今天在学校说了什么吗？"她气喘吁吁地问我母亲，"他说他长大后想去酒店工作！"

在我们这个德国小村庄，每个体面的家庭都希望自家儿子从两条路中任选其一：要么去学一个技术型专业（比如工程师或建筑师），到慕尼黑或斯图加特那样的大城市去工作；要么就在家乡酿酒，因为我家周围的山坡上满是葡萄园。

如果这两种行当都不想选，就至少当个木匠或泥瓦匠。

至于在酒店工作，在大家眼里基本等同于扫大街或捡垃圾。

刚刚 11 岁的我怎么会有如此疯狂的想法？我们村子里甚至根本没有酒店——连一家像样的餐馆都没有。如今，我已经记不起当年自己的念头从何而来，我肯定是在某本书里读到的。

但谁也劝不动我。我有一位住在城里的叔叔，他是一名受人尊敬的银行家。一次他来看我，问我对未来有何打算，想不想去家乡附近的科布伦茨读文理中学。我把自己的梦想告诉了他，心里想着他一定能够理解。

"什么？你是想当火车站里卖啤酒的那种邋遢鬼吗？"他对我的想法嗤之以鼻。他指的是当时火车站里的那种小吧台，乘客等车时可以在那儿喝上一杯。我叔叔和我其他家人一样对此感到尴尬。

这样的僵局持续了三年，直到我 14 岁那年。这个年纪对于欧洲的学生来说，是一个十字路口，要么继续学习深造，要么就去学一门手艺。一天，我的父母喊我坐下，"来吧，霍斯特，跟我们说说你的想法"。

"我想去酒店工作。我想在厨房里、在餐厅里干活儿，我希望把它当成我这辈子的事业。"

他们互相对视了一下，明白我绝对不会放弃梦想，叹了口气，决定帮助我。他们去找了政府的某个劳动局，打听下一步该怎么办。从那里他们得知，在离我们村庄80英里[⊖]的地方，有一所学制为半年的寄宿学校，教授酒店专业。于是，他们不太情愿地送我入了学，含泪挥别了他们的儿子。

从底层做起

那段时间的学习生活非常紧张，我很想家。在我结束课程后，学校在一家高端水疗酒店为我找了一份学徒的工作。酒店位于巴德·诺伊纳尔 – 阿赫韦勒（Bad Neuenahr-Ahrweiler），"巴德"在德语中意为"矿泉浴"或"温泉"。酒店旁边就是一家诊所，有医生在那里为患者提供治疗。酒店名为"库尔豪斯"（Kurhaus，意为"水疗养生馆"）。

倒不是所有客人到库尔豪斯都是为了治病，一些有钱人会每天下午或晚上到酒店的大花园听音乐会，或是到赌场玩乐。

我现在还记得母亲在火车上对我的教导。"儿子，听好了，"她严肃地说，"这家酒店是为那些身份显赫的先生和女士准备的，我们一辈子都住不进去。"（我的父亲是一

⊖　1 英里= 1.609 千米。

名"二战"老兵，在邮局上班。）"你可要好好表现。好好洗澡！记得洗袜子！不要做任何越线的事！"

终于，我们下了火车，我拖着行李走了足足十个街区才到酒店——叫出租车是绝对不可能的。到酒店后，我们见到了酒店的总经理，听他简单介绍了一下情况。经理文质彬彬，大家都称他为"医生"。他重新强调了一次我母亲对我的警告，"年轻人，这个地方是为重要宾客准备的，他们从世界各地而来，都是上流人士，对服务颇有了解。你绝不能让自己心生羡慕或嫉妒，你是来服务他们的"。我认真地点了点头。

在吻别了母亲后，我和另外三个男孩一起住进了一间宿舍。宿舍走廊的尽头是厕所和淋浴间。第二天，我就投入到忙碌的打杂工作中。准确点说，一开始他们只允许我干一件事：清理烟灰缸。"小心点，"他们对我说，"客人吃东西时不要打扰他们。"

过了一阵子，我被派去洗碗。当时我每天要工作很长时间，从早上 7 点一直到夜里 11 点。我们会在每天餐前布置餐厅——除了布置餐桌，还要准备服务员会用到的餐具等各种物件。我们也负责清洗地面。有时，疲惫的一天结束前，我们还要把客人留在走廊的鞋子擦干净。我们简直什么活儿都干。

　　渐渐地，他们开始允许我把菜单从服务员手里交给厨房员工，再把食物端给服务员去上菜。再后来，我可以自己给边桌上菜。如果有需要切开的肉菜，领班会来亲自处理。

　　这就是我每周的日常生活。每周三则是例外，会有大巴送我们这些年轻人到附近镇上的一所酒店学校学习，直到下午很晚才回来，然后换了衣服就要赶紧去餐厅干活儿。

　　那段日子很辛苦，但我从来没有怀疑过自己的决定。我母亲每天都会写信给我，这些信对我鼓励很大。她会在信中告诉我村里最近发生的事情，告诉我她又在园子里摘了哪些蔬菜，最后总是会加上一句："我们非常爱你，一直在想你，我们期盼着你有时间回家看看，都等不及了。"有时，她还会寄给我一些葡萄糖片，她相信这有助于我干活儿后恢复精力。

追求卓越之人

　　我的师父卡尔·泽特勒对我影响很深。尽管已是70岁出头的年纪，但他仍然能保持优雅庄重的仪态，从这桌走到那桌，与客人们交谈。他对一桌客人说德语，接着对下一桌讲英语，再换一桌是法语。他在餐厅中娴熟地周旋着，仿佛无处不在。实际上，在我看来，客人们似乎都把留他在桌边交谈当成一件自豪的事。客人们会抬着头，认真地与他聊天。这让我得出一个结论：我们这些年轻小工自然觉得泽特勒先生是这里最重要的人，可看起来就连客人们也是这样认为的。这真是侍者和客人之间的身份颠倒了！简直是彻底翻转。

对我们这些年轻人来说，泽特勒先生是一位好老师。每次餐前，他都会为我们讲解一遍当日的菜单，解释每一款新菜品，并且会指导我们该如何向客人描述菜品。这一行当的神秘光彩，仿佛就在他的双眸中婉转舞动。闲一点儿的时候，他会跟我们讲述他漫长职业生涯中曾工作过的那些大酒店，伦敦和捷克斯洛伐克他都去过。很多年以前，他也曾在柏林当过学徒工。他告诉我们，他有个朋友曾在一艘横跨大西洋的轮船上工作过。这些故事非常有趣。每三个月我可以周末回家一次，每次回家我都带回很多故事讲给家人听。

泽特勒先生不仅会激励我们，他也用非常高的标准严格要求我们。在他面前我惹过几次祸。有一次，我偷喝了一口客人剩下的红酒，被他发现，他踢了我的屁股！之后我再也没有那样做过。还有一次，我们在一场宴会上服务，正餐的主菜是一份牛柳和小牛排，并排放在一个盘子里。

当我给一位客人上菜时，客人说："我不要牛柳，只要小牛排。"我回到厨房后，瞄了瞄周围，看没人发现，就赶紧把牛柳塞进了我裤子的后口袋，并用上衣外套的尾巴盖住了它。

不幸的是，我师父发现了我的行为。他追上我，把辣酱倒进我的口袋里！接着，狠狠地训斥了我一顿。

一篇文章

在学徒生涯即将结束的一个星期三，我们被布置写一篇文章，要我们写下自己对工作的感想和学到的东西。我不知道该写什么。晚上，我独自坐在自己的小房间里沉思。

我决定写一写泽特勒先生，讲述他是一个多么出色的人。我形容了他无可挑剔的衣着、优雅大方的举止，以及他对每一位宾客的真诚热情。我这时意识到，他是在用真正绅士的标准来要求自己。

在文章的结尾，我写下一句话：Damen und Herren im Dienst zu Damen und Herren.（以绅士淑女的态度为绅士淑女们忠诚服务。）就像我的师父一样，我们在工作中也可以成为绅士和淑女。我们并非只是服务行业里卑微的侍者，我们也可以通过努力得到认可，拥有更高级的身份。

我的文章得到了 A 的评分（这是我得过的唯一的 A）。校长和我的老师甚至把其他教职员工叫到一起，听我给他们读这篇文章。那一刻，我想起了我的叔叔，想起了每一位曾为我进入这一行业而感到尴尬的人。我对自己说：看吧，我是对的。在这里我可以为自己感到骄傲。我可以赢得别人的尊重，我也可以尊重自己。我可以成为一名绅士。

人生座右铭

在快到我 18 岁生日的时候，我去了巴伐利亚滑雪胜地加尔米施·帕滕基兴（Garmisch-Partenkirchen）工作，迎接那里的冬季滑雪季。后来我去了瑞士的伯尔尼，参观了贝尔维尤宫国宾酒店（Bellevue Palace，瑞士政府的官方酒店），还去了洛桑的美岸皇宫大酒店（Beau-Rivage Palace）。接着是巴黎的雅典娜广场酒店（Plaza Athénée），然后是伦敦的萨伏伊酒店（Savoy），它们都是五星级酒店。一次，我签约了一艘荷兰—美国的邮轮，乘该邮轮我第一次到了纽约。当年，一艘邮轮一般有三天的休整时间，才继续下一个航程，所以我们可以利用船员护照，趁机去城里逛一逛。

我的朋友们大多跳上出租车直奔帝国大厦、麦迪逊广场公园或自由女神像，而我的第一站是著名的华尔道夫酒店（Waldorf-Astoria）。很久以来我就梦想着能亲眼看一看这座大酒店，现在我就站在其华美的大堂中，抬头看着大堂里的大钟，这让我兴奋得发抖。

我有没有机会在如此豪华的酒店当上经理呢？当时的我还不得而知。但我知道，只要我有机会当上经理，我就会让酒店的服务人员都以绅士淑女般的态度，骄傲地为绅士淑女们服务。我的梦想一定会变成现实，这不仅对那些宾客是一件好事，也会让每一个服务人员受益，不论是新入职的女侍者还是高级主管，我们将一起走向卓越。

在本书中，我会讲述座右铭是如何激励我一路实现梦想的。

第一部分

服务你的顾客

第 1 章 | Excellence Wins

走进顾客的内心

　　有些时候，顾客想要什么似乎是显而易见的。假如你在棒球场卖热狗，球迷们想要的很明显就是热狗，而且价格越低越好；假如你开办了一所学校，家长们想要的就是自己的孩子可以接受教育，而且学费越低越好；假如你经营了一所医院，患者们想要的就是能尽早康复回家，而且最好你能帮他们办好所有保险手续。

　　的确，顾客想要什么好像是一种简单的常识，很容易快速得出答案。但是，这样的答案只能算是勉强触及了大众真正需求的表层，如果不进一步深究，你就会忽略掉重要的信息点。事实上，你甚至会做出与市场需求相反的行为。

误导人的捷径

我们的一些假设会妨碍我们的判断理解，有时这种误导甚至堪称危险。你是否记得自己曾说过以下这类话：

- "我已经知道……"
- "我的妻子（丈夫）那天说……"
- "我跟邻居（朋友、健身房伙伴或者随便谁）聊天时，他们说……"

这样的说法，都只是"单人性调查"。他们告诉你的只是一个人的想法，是你希望了解的成千上万人想法中的一个而已。任何一位统计学家都会告诉你，这样的样本容量太小，数据并不可信。

召集一个 8 ～ 10 人的焦点小组，在会议桌前讨论问题，可能会得出更有价值的观点，但也需要有严格的后续分析。首先，这种人为安排的会议太过刻意，而且会议桌并非人们的日常生活场景。如果小组成员是为了 50 或 75美元的报酬才来这里讨论一两个小时，那他们的结论误差就会更大。并且我再强调一次，这样的样本容量实在太小。

拓宽信息池

那么，身为一个组织的领导者，你该如何从更广泛的个体群中获取信息呢？

一种成本很低的方法就是持续进行客户/会员满意度调查。很多管理者遵循"讲、讲、讲"（"推销、推销，再推销"或"宣讲、宣讲，再宣讲"）的模式，却忘了给大众反馈的机会。对你提供的产品或服务，他们的真实想法如何？他们喜欢什么？他们厌恶什么？他们觉得你可以在哪些地方有所改进？还有一条或许是最佳的评判标准——他们是否愿意把你的东西推荐给朋友？

这样的反馈信息可以通过多种方式收集，如纸质评价卡、售后电话调查或网络问卷调查。诚然，完美主义者会说这些方法也不尽科学，因为人们可以自由选择是否配合你的调查。那些喋喋不休、抱怨一切的人也肯定不会放过这样的机会。所以，你必须小心观察一段时间，总结出整体趋势，而不是简单地针对个别反馈开展行动（再说一次，个别反馈是"单人性调查"）。

如果你发现原始数据量太大，那可以选择请外部公司来协助分析。这些公司会为你筛选排序、分类总结，让你得到有价值的信息。当然，这需要花一点钱，但能让你获得宝贵的真实信息。或者你可以去找更大的公司，它们从组织客户到调查研究，能完成全流程的客户服务评估工作。我觉得君迪公司（J. D. Power）是这方面的顶尖高手，我与它们在美国国内外有过多次合作。此外，其他公司也值得考虑，这些公司既可以分析出让客户不满的问题所在，也可以得出客户的需求趋势。例如，他们会说："如果你能在服务中加上 X 或 Y，人们会更加满意。"

我再重复一遍，你不需要对个别需求做出回应，你要做的是倾听整个市场的反馈，收集有价值的信息。

这样的过程比简单地进行同业竞争更重要。有段时间，"标杆分析法"成了商界热词，换句话说，就是将你与某一行业或细分市场的其他同行进行比较。这样的比较不是重点，也不一定有价值。曾有一位快餐业高管问我，他的公司经营水平如何。我直截了当地告诉他："你的公司只能算是矮子里拔将军！"

另一种更有效的"标杆管理法"，其实是企业把自己今天的经营状况，与一年前或三年前进行对比。你的经营是否在向前发展？对服务感到满意的顾客是否有所增加？

追根究底

有时候，你所收到的反馈信息可能并不明朗，让你不太确定这些信息意味着什么。顾客有时无法清楚地表达出自己的真实感受。我记得在一次焦点小组讨论中，大家谈及自己体验过的酒店时一直在说："我希望找到家的感觉。"

家会带给人们甜蜜而温暖的感受，但"家的感觉"究竟指什么？它背后的真实信息是什么？很明显，不可能把每间客房都布置成客人私宅的模样。

我聘请了另一家公司来仔细分析讨论记录，尝试辨别出其背后的真实信息。他们给我的解释是：人们想要的是潜意识记忆中的一种感受——他们过去在母亲家感受到的那种感受。

这又是什么意思呢？儿时的家是一个会为我们做好一切的地方，能满足我们的所有需求。有人帮我们换灯泡、剪草坪，我们不需要操心这些家务。我们不用担心任何事。

如果哪里不对劲儿，我们可以马上去找自己的母亲。"妈妈！妈妈！出大事了，抽屉里没袜子了！"

而母亲呢？则会说"过来，宝贝儿"，然后张开自己的怀抱。她很清楚要如何解决问题，绝对不会说："我去喊经理过来处理！"但在酒店中每天都有人说这句话。

我发现，每位酒店客人的内心深处，都希望一切尽在控制之中，所有的问题都能立刻得到解决。他们不想等上 3 个小时；他们想找个离自己最近的人倾吐感受；他们希望有人照顾他们，不管是谁都可以。这样他们就会觉得自己受到了尊重甚至敬重。

基于这一结论，我制定了一项新政策：每位员工，从总经理到新来的侍应生，都有权动用最高 2000 美元的资金来让客人开心。

假如一位客人来到餐厅，迎宾小姐开心地对他说："早上好，先生！昨晚睡得怎么样？"

"不算完美，"客人或许会皱着眉头回答，"马桶一直流水，我关不上它。"

迎宾小姐就应该立马回答："真的很抱歉！请您原谅。我会马上解决这个问题，并且我们现在就去为您买份早餐作为补偿。"等客人就座后，她要马上跑去打电话，让酒店的维修人员务必在客人回房间之前修好马桶。

当我宣布这项新政策时，我的同事差点吓晕过去，酒店的老板甚至想过起诉我。我回答说："你看，一位普通的商务旅行者一生中在住宿上的花费能超过 10 万美元，我很乐意付出 2000 美元的风险成本来确保他们继续选择我们的酒店。"

很明显，我不想让花出去的钱打水漂，这是在我了解了客人真正想要什么之后才做出的决定。为了满足客人的这一需求，我们就算竭尽全力也在所不惜。

我们非常有必要了解顾客的真实想法，离开了这些信息，你就不可能在服务客人时超越你的竞争对手。

三大普遍需求

你可能会说："可是我并不在酒店行业工作啊，我所在行业的情况有所不同。"

在分析了成千上万条的客户反馈后，我可以保证，不管你身处哪个领域，你所服务的对象都有以下三大方面的需求。

第一，他们希望你提供的产品、服务或其他内容没有缺陷或差错。假如，你要卖给他们一瓶水，他们会希望这瓶水绝对纯净，没有小小的"漂浮物"，他们还希望瓶子不要漏水。他们希望你能让他们百分之百信任这次购物。

我所谓的"缺陷"，并非仅指物理性的瑕疵，如黏糊糊的门或声音太大的马桶，也包括流程或系统方面的缺陷。这种缺陷可能会让顾客说"嘿，我的收据还没出来"，或是"我的行李箱呢？三个小时后我就得穿好衣服去赴宴了"。

　　与我合著本书的迪恩·梅里尔，最近从他在科罗拉多州的家中飞往达拉斯去参加了一位亲戚的葬礼。这位逝者的去世让子女们很意外，因为虽然他已经 86 岁，可身体一直不错。但有一天，他的儿媳带着他平时早晨习惯享用的咖啡与甜甜圈去他家，却发现他已经瘫倒在地。

　　在震惊与悲痛中，他的家人接受了急救人员的建议，就近找了一家殡仪馆料理后事。前期的安排都很顺利，但当逝者的家人与朋友周一早上 10 点来参加葬礼时，情况就不对了。

　　首先，引领人们前往教堂的指示牌上，放着一张陌生人的照片，标着陌生人的姓名。"噢，对不起！"办公室的工作人员说，"那是昨晚留下的，我们马上换掉。"**此为缺陷之一**。

　　葬礼仪式开始，安排了欢迎致辞、朗诵赞美诗第 23 篇和一段祷文，但宾客的注意力被其他事情干扰了。"窗外是什么声音那么吵？"大家都在想。他们发现，是割草机的噪声，这刺耳的声音持续了至少 20 分钟。真的有人非得赶在那个时间去割草吗？这项工作就不能等到葬礼结束再进行吗？**此为缺陷之二**。

　　在后面的仪式中，安排要播放一段逝者最爱的录音，这是他的女高音妻子生前的一段歌声，唱的是安德雷·克劳奇（Andraé Crouch）的《荣归天父歌》。这个环节是为了与在场宾客分享逝者的美好回忆。在这段歌声的伴奏下，还会播放一段幻灯片，展示几十年以来的家庭照片，包括这对幸福的夫妻与儿孙的圣诞团聚、难忘的度假经历等。逝者的一个儿子花了几个小时收集整理这些照片，排序后上传到殡仪馆的网站主页。那段录音现场播放正常，但不知什么原因，现场大屏幕上无法显示照片，软件一直处于崩溃状态。**此为缺陷之三。**

　　仪式过后，家人转场到家族墓地安葬逝者。墓地位于得克萨斯州东部一个小镇外 90 英里处。考虑到路程之远，没有安排大家列队送葬，而是告知目的地后让大家自驾前往。到墓地的路线并不复杂：只需要沿着 20 号州际公路向东开，在一个特定的路口向右转出，再沿着国道行驶 10 英里就到了。

　　大约在 12：30，家庭成员就到齐了。墓地的工作人员此时已经完成了工作，搭好了帐篷，放好了折叠椅。三名工人恭敬地拄着铁锹站在远处，但灵柩车没有到。

　　15 分钟过去了，20 分钟过去了。大家的眼睛紧盯着远处的地平线。负责安排活动的儿子拿出手机打电话给殡仪馆，得到的回复只有"已经在路上了"。

　　整整半个小时过去了，40 分钟过去了。曾孙辈的小孩子们开始待不住了，想跑去玩泥巴。随行的一名婴儿不得不去面包车里换尿布。那个儿子又打了一遍电话，却收到更糟糕的回复："我们好像联系不上灵车司机了，我们不确定他现在到哪儿了。"

大家等了快一个小时后，那个儿子恼怒地说："各位，听我说，我们先一起去我组织过家庭聚餐的那家餐厅吧，墓园里的葬礼仪式我们晚点再过来办。"

正当饥肠辘辘、又热又累的人们满怀失望地准备上车离开时，载着灵柩的车终于缓缓驶入墓地。司机只解释了一句："我迷路了。"**此为缺陷之四**，也是一天之中最严重的一个，尤其是赶上了这样一个所有人都情绪低落的日子。

一家足够谨慎的公司应该永远提防这类状况的发生。一旦出了差错，要立刻召开员工会议，确保下不为例。

第二，他们希望服务迅速且及时。他们不喜欢站着或坐着在那等你。

假如客人去餐厅吃饭，桌上的饭菜美味可口，无可挑剔，却等了45分钟才上桌，客人肯定会不高兴，就算饭菜再好吃也无济于事。假如顾客拨打了客服热线，却拿着话筒足足等了10分钟，那就算话筒那头的客服表现得出类拔萃，能完美地解决问题，顾客也会在盛怒之下无法注意到这些优点。

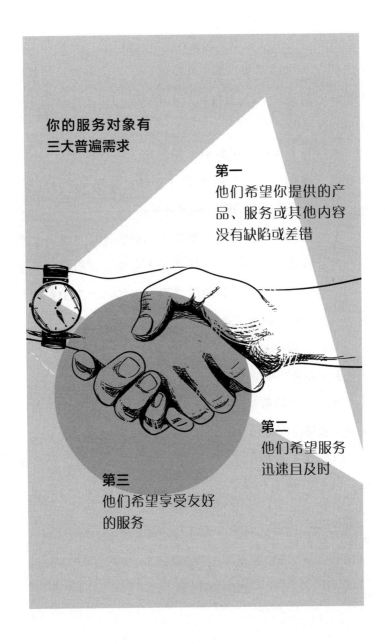

你的服务对象有
三大普遍需求

第一
他们希望你提供的产
品、服务或其他内容
没有缺陷或差错

第二
他们希望服务
迅速且及时

第三
他们希望享受友好
的服务

　　第三，他们希望享受友好的服务。客户希望感受到关怀备至的态度。其实，这第三条愿望比前两条加起来还重要。它可以弥补其他的不足与缺憾。事实上，我曾听到餐馆里的顾客说："我吃饭时发现饭菜有问题，但这里的服务生态度很好，连大厨都亲自到我的桌前道歉，所以我感觉无所谓了。"

　　有一次，我到芝加哥与一家银行的管理层交流。就在我们谈话的前一天下午，我决定去考察一下他们的经营情况。我走进这幢坐落于市中心环城区的宏伟建筑，凝视着那些让人印象深刻的大理石柱，这里的一切都散发着奢华的气息。大厅中有24名出纳员在窗口为顾客服务。

　　我在窗口前排队等待。当我终于排到了队伍最前头时，你猜我听到了什么？

　　"下一位！"一名年轻女性的声音传来。

　　我走近她的窗口说："我想把这张50美元换成零钱。"

　　她的脸上毫无笑容，一言不发地拿走了我的钞票，按我说的开始兑换。她的动作火急火燎，大声数着我的零钱："10、20、30、40、50。下一位！"我抓着满手的零钱，灰溜溜地赶紧离开。

　　这位出纳员的工作是不是毫无差错？的确如此。她给我的钱数额正确，所有的零钱都是真钞，没有一张是假钞。

那她的服务是不是够快呢？确实够快，我们之间的交流只用了不到 60 秒。

那她有没有展示出一点人情味，对我表示一下关心呢？完全没有。

第二天上午，我把这段经历讲给这家银行的管理层。我接着问他们："你们这是什么行业？当然是服务业！你们又不印制钞票，是美国造币厂在负责印制。你们干的就是处理流转别人的钱，对吧？"他们不情愿地点了点头。

我又说了几句，然后说："昨天走进你们这家银行时，我向你们保证，我完全没体会到被人服务的感觉。"

假设你身处医疗保健行业。人们走进医生的诊室，当然是想摆脱病痛，但这绝对不是一位病人的全部需求。病痛的解药并非仅仅装在药瓶里，病人希望得到医生的倾听、护士的倾听，甚至前台助理的倾听，他们希望有人能够带着关怀之心来听他们倾诉。没错，患者对病情的讲述可能又长又乱，但这是他们的真实感受。如果医护人员对此表现得毫无人情味，那么会对诊疗造成负面影响。

当你走进一座教堂时，你会自然地希望台上的布道内容与《圣经》相符（即不要有差错）。你希望这里的仪式活动能按照规定的时间开始与结束（即保持时效性）。在你一路走进来的过程中，是否有人关注到你？除了那些职责本如此的"迎客人员"之外，是否有人注意到你呢？教堂的牧师或长老会看着你的眼睛微笑，或是来与你握手吗？在这样一个庞大而忙碌的地方，你有没有通过某些细节感觉到自己被人重视呢？

诚然，每个人希望得到关注的方式各不相同。有些人喜欢热情的拥抱，另一些人则觉得这样的身体接触是一种侵犯。但至少一个微笑和一句暖心的"早上好"，会让你感到自己受人重视。

教徒来到教堂，自然是为了获得与上帝的心灵感应，但他们也会希望与一两个凡人心意相通。正如 19 世纪英国那位充满智慧且受人爱戴的传教士约瑟夫·帕克（Joseph Parker）所言："教堂中的每一张长椅上，都安放着一颗破碎待补的心。"

除此之外

最近几年，我注意到顾客的另外两种新兴需求。无论你提供的标准化产品如何，如今人们似乎对个性化和人性化这两大特质越来越感兴趣。

个性化。人们希望能根据自己的喜好来微调产品，这对于我们这些渴望服务广泛大众的人来说是一项挑战。但客人不会考虑这些,他们只希望能不受限于固定的菜单。赛百味三明治连锁店能发展到行业领先位置的秘诀,就是让顾客可以定制三明治,自选要放多少生菜、黑橄榄、奶酪碎和墨西哥胡椒,而且还把制作三明治的全部环节展示在顾客面前。汽车行业早已发现,给顾客提供的定制化选项与配件越多,新车的销量就会越高。

在加利福尼亚州拉古纳尼格尔市的丽思卡尔顿酒店,我发现有客人抱怨中午退房的制度,尤其是在周日。大家来这里一般是度周末,每天晚睡晚起,起床就去海滩游玩,但中午退房的制度让他们觉得时间很紧。

我们把退房时间延后到了下午3点,此类投诉便消失不见了。诚然,这样的调整意味着我们必须调整人员配置,聘请更多客房管家在下午晚些时候快速清理房间。但相比之下,我们付出了小小的代价,就让客人有了更舒心的体验。

后来,我们扪心自问:"真的非得让客人遵守我们定好的退房时限吗?"我们研究了客人的行为习惯,发现大多数人会在一大早就退房离开,这样我们其实有时间为下一位客人打扫房间。那为什么还要制定一条毫无必要的规则呢?因此,我们直接取消了退房时限。

在另一家酒店，我们的一名管家在清理客房时发现，客人把从酒店酒廊的零食盘里带回的巧克力曲奇中的坚果都挑出来扔进了纸篓。她此时做了什么，直接无视这一信息？没有，她告诉厨师，这位客人应该是不喜欢吃坚果。第二天晚上，当这位客人回到房间时，一盘没有坚果的巧克力曲奇放在了他的床头柜上。

这位管家将个性化服务提升到了一个全新的高度。

在某些情况下，对个体的关注能够给事情带来很大的改变。2015 年，美国西南航空公司曾高明地处理了一次旅客遭遇的突发情况，并为此在业内广获赞誉。当事旅客名叫佩姬·尤勒（Peggy Uhle），当时她坐在座位上，准备从芝加哥的中途国际机场起飞，前往俄亥俄州的哥伦布市。突然，一位机组人员走过来对她说："不好意思，要请您离开这趟航班了。请跟我来。"

佩姬还以为自己坐错了飞机呢，但机场工作人员把她带到了最近的服务台，并让她赶紧给自己的丈夫打电话。在电话中她才得知，自己身在丹佛的儿子头部受了重伤，正处于昏迷之中！

很明显，佩姬当时不想再飞往东部了，她想尽快赶到儿子身边。西南航空的工作人员早已安排好一切，为她重新预订了最近一班飞往丹佛的航班。他们从那架飞往哥伦布市的飞机上取下佩姬的行李，重新打好行李标签，并为她提供了一处私人候机区，甚至准备好了候机时的午餐，并带她从候机区优先登上了飞往丹佛的飞机。

"他们对我的关怀堪称无与伦比，"这位当时心急如焚的母亲事后回忆，"我们一直都喜欢搭乘西南航空，而如今我们对西南航空的感激与赞美无以言表。"

多亏了这家关怀旅客的航空公司，佩姬几小时内就赶到了自己儿子的病床边。她儿子的病情也在那之后逐渐好转。

人性化。世界上没什么比自己的姓名听起来更顺耳的了。顾客不希望变成"账号 W49836Q7"，他们希望别人用姓名称呼自己，这代表了对他们身份价值的认可。在酒店行业中，我们会训练门卫从出租车上卸行李时注意行李标签。这样客人付过车费走进酒店时，门卫就可以说："欢迎光临，约翰逊先生！"

当然，如果标签上的姓名太难读，最好不要贸然尝试，以免出错。如果你打算为 7 月过生日的客人寄送生日贺卡，记得检查好系统设置，以免到了 10 月才寄送出去，那样就有害无益了。

与时俱进

即使你觉得自己已经掌握了顾客所爱所好，也要时刻注意人们习惯和偏好的变化。在我刚进入酒店行业时，我们的调查显示，在最忙碌的入住时间（傍晚前后），客人在前台排队时最多愿意等待 4 分钟。所以，我们安排员工在他们等待 2 分钟后主动过去服务，送上一杯软饮料之类的东西。

但今天的人可没那么有耐心，一般等上 20 秒就不耐烦了。我们不得不为此增加服务人员。

潮流风向无时不在变化，我们有时会太过落伍，有时又太过超前。在我的第一家丽思卡尔顿酒店中，我为此吃过苦头。当时我们的客房门锁用上了 VingCard 电子锁。我们为率先采用这一先进的技术而自豪。但客人却说："这是什么东西？一块破塑料片？你们这种豪华大酒店，连一把真正的房门钥匙都买不起吗？"我们赶紧换回了金属钥匙。

3 年后，塑料的门卡才慢慢替代了门钥匙并被人们接受。人们习惯使用门卡，并认为传统的钥匙不够安全。"要是我的钥匙丢了，被别人捡到怎么办？他们可能会半夜 2 点闯进我的房间！"我们不得不再次更新了门禁系统。

我们初试语音信箱服务时，也经历了同样的情况。当时我认为语音信箱是个好东西。但人们却说："你们都不愿意送一个手写卡到我的房间吗？这是在敷衍我吗？"所以，我们同时保留了纸质留言和语言信箱，让二者并行了一段时间。当然，没过多久，语音信箱就在办公室和家庭中普及开来，我们的问题迎刃而解，也就无须再费力保留纸质留言了。

这些经历都说明，顾客的偏好是在时刻变化的。就算今天的你觉得已经十分了解他们了，明年你还是必须继续了解新变化，明年的明年也是如此。一个组织及其领导层必须学会随时调整适应。

多重受众

在很多情况下，领导者不得不去理解并迎合多种受众，这不是一件容易的事。例如，红十字会必须同时服务洪水中的灾民和刚刚出过钱的捐款人。学校校长不仅要让学生家长开心，还要让州政府和华盛顿的教育界高层满意。工厂老板不仅要与批发商（负责销售产品）搞好关系，还要与工会和睦相处。每家上市的零售商不仅要迎合顾客需求，还要让华尔街的金融大亨顺心。满意的消费者多多购物，这也会让投资者开心。但是，事情并非总能尽如人意。

领导者一般会努力兼顾左右。显然，他们不能忽视自己的核心受众，否则会满盘皆输。他们也必须努力向外界证明，自己的经营状况良好。在接下来的章节中，我们会进一步详谈这种动态平衡。

但现在，我们先把中心观点说清楚：在服务大众时，关键在于要明白什么事情对他们来说最为重要，而想弄清楚这一点并非易事。

客户服务人人有责

每当我说起"客户服务"时，那些企业领导都会马上点头附和："噢，没错，客户服务非常重要。我们需要提供高质量的客户服务。"

但我相信，他们并没有彻底理解这一概念。就算你让那些"服务型单位"（例如银行与酒店）的领导甚至老总给客户服务下定义，他们也只能含糊其词地大概描述一下。我不止一次问过这些人："你是怎么培训别人去服务的？有什么流程吗？"但他们总是给不出明确的答复。

这让我想起马克·吐温常说的一句名言："每个人都在谈论天气，但没有一个人对此采取过行动。"不过，虽然我们无力改变阴晴雨雪，但就客户服务来说，我们确实可以有所作为。

如果你认为客户服务仅仅意味着在门店角落摆张桌子（或是那种远在印度的呼叫中心，让彬彬有礼、口音浓重的年轻男女端坐隔间之中，使用死板的话术来试图解决问题），那你对这一概念的理解就太过肤浅了。还有很多人认为，客户服务在有人提出投诉后才开始发挥作用。当有人因为某事而发火时，让他们平息怒火便是客户服务的使命。

但事实远非如此。在你与人打交道的第一时间，客户服务便开始了。

第一步：表示热烈欢迎

从客户走进前门开始，从电话首次响起开始，客户服务便开始了。服务的第一步，就是要表示热烈欢迎。你要第一时间为对方的登门而感到开心，就算他们还没有买下任何东西，而且你也不确定对方是否想消费。

我曾告诉自己酒店的员工，只要客人走到他们身边 10 英尺[⊖]之内，就要马上开始迎接，必须马上开口，真诚地问候"早上好"或"下午好"。如果不这样做，那些潜在的

　⊖　1 英尺 = 0.3048 米。

顾客就会开始自我怀疑：我有没有来错地方？我属于这里吗？但如果能及时送上温暖的迎接和问候，就能在顾客的潜意识中留下积极印象，他们就会愿意再往里面看看。

注意，我刚刚说的是"10英尺之内"，可不是"50英尺"。如果顾客走进店铺，仅有的一名员工一边摆货架，一边隔着四条过道喊一声："欢迎光临乔的特价店！"这样效果不会好。顾客可以感受到你的迎接是否热情。我提倡真诚而有人情味的迎客方式。

经过对多年以来数十万条反馈卡的分析（得益于君迪公司研究部门的帮助），我发现，如果一位客人对他最早接触的前四位酒店员工有好印象（例如电话预订员、门卫、行李员和前台），那这位客人后面投诉的概率微乎其微。但如果一开始就留下了不顺心的感觉，客人很快就会投诉，指出"入住手续太慢了""客房不够干净""饭菜太凉了"，等等。其中一些投诉的内容或许并非属实，但客人的心情从一开始就已经不好。

第二步：遵从客人的意愿

第二步是遵从客人的意愿。这一步的重点不在于你想要什么，而在于客人想要什么。没错，你想完成销售，但客人心里的意愿才是最重要的。

所以你要说："有什么能帮您的吗？我很乐意为您效劳。"然后你要侧耳聆听，仔细听他们心里在想什么。他们可能不会清楚明了地说出来，但可能会拐弯抹角地提出他们的需求。此刻你需要扮演一名侦探。在修车厂，这是服务经理（请注意这一职位的名称）必须完成的工作。客人开着车过来，说："唔，我的车发出了一种很奇怪的声音。我不太确定是什么情况。"客人为此而担忧，所以才开车来修车厂。他不知道是哪里出了问题，比如是引擎盖没锁紧，还是整套变速器已经快掉下来了。无论如何，服务经理需要确认问题所在，并解决客人的担忧。

第三步：礼貌告别

我们已经向客人表示了热烈的欢迎，并遵从了他们的意愿。现在到了客户服务的最后一步，那就是礼貌告别。永远不要忘记说一句，"感谢您今天光临"或"感谢您让我们有机会为您服务"。美国全国广播公司（NBC）的何塞·迪亚斯 – 巴拉特（José Díaz-Balart），在他的周末节目里有一句很棒的告别语："感谢您抽出宝贵的时间。"这句话体现出，即使身为全国知名的记者，他也明白，观众并不是必须收看他的节目。观众的观看纯属自愿，而他很感激观众能为自己抽出时间。

一句真诚的告别，会让客人下次还想再来。无论客人曾在心中对你的组织有过何种怀疑，此刻都会慢慢转变成信任。在他们的脑海中会有这样的声音：听起来他们很喜欢我，说不定我会再来一次。

一线岗位之外的客户服务

并不是只有需要直面公众的岗位才需要考虑客户服务。在一个组织里，只要需要与人接触的岗位，都要有客户服务的意识。这一点毋庸置疑，整个组织上下是相互联系的整体。

在餐食服务方面，后厨的厨师其实在为服务生提供服务。你或许以为那个头戴白色高帽的主厨是厨房里的老板，可以大声地发布命令，喊别人去做这做那。但事实并非如此。厨师端出来的饭菜，必须能让客人满意，否则服务生就会被数落一顿。厨师必须明白，就店内范围来说，服务生就是他们的客户。服务生的服务能触达客人的最终渠道，而每个服务生的薪水都仰仗于客人的消费。当然，此外，或许厨师为人十分善良，做事完美负责，但如果服务生的态度很粗鲁，这段服务的链条也会断裂。

并不是只有需要直面公众的岗位才需要考虑客户服务

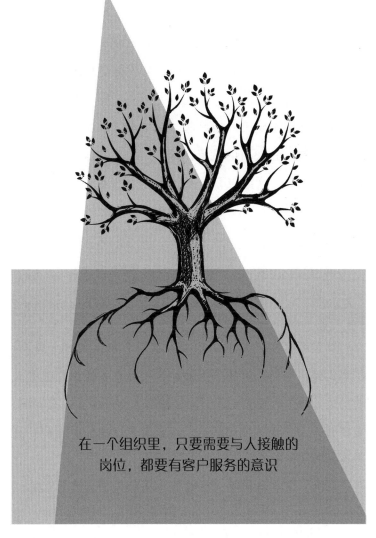

在一个组织里，只要需要与人接触的
岗位，都要有客户服务的意识

每个部门中的每个员工，都必须明白自己在组织内部范围内的"客户"是谁。如果他们搞不清楚这一点，或是对这个问题感到迷茫，那部门的管理层必须帮助他们弄清楚。他们可以询问员工："我可以做些什么，来帮你改善现状呢？有没有什么需要我帮忙的，让你能更好地服务你的客户呢？"这样下来，工作就会进行得更加顺利了。

从刚来的洗碗工开始算起，每个员工都必须明白，自己履行职责的首要目的是留住顾客。如果餐厅里的客人对服务生说"呃，这把勺子上有个脏点"，那这件事的责任就要追溯到洗碗工身上。发生这种事，客户服务的质量就要打折扣了。

停下来搭把手

员工就算身处内部岗位，也随时有可能与客人碰面。在客人外出时打扫客房的女佣，也可能在大厅里路过客人的身边。每个人都需要热情地接待客人。如果客人有问题，需要有人友善地为他们解答，或者至少让他们能很快在身边找到能帮忙的人。

一次，著名畅销书《高效能人士的七个习惯》（*The 7 Habits of Highly Effective People*）的作者，伟大的斯蒂芬·柯维（Stephen Covey）在我手下的一家酒店大厅中坐着。而在他的头顶，一名维修工踩着梯子在干活儿。这时，一位女士走到大门口，双手拎着钱包、几件包裹和行李。那位维修工见状马上从梯子上爬下来，快步过去为这位女士开门。

事后，柯维难掩内心的好奇，走过去和维修工说："抱歉打扰一句，你刚刚为那位女士提供了优质的服务，真的太难能可贵了。"

"是这样，其实这是对我们的培训要求。"他回答说。随后，他从后口袋里掏出一张标语卡片，标题处写着"员工信条"，下面列出了 24 条服务准则。"看见了吗?"他说，"第 4 条说，'我们要乐于助人，若能更有效地服务客人，要随时停下岗位上的工作'。"

柯维觉得十分惊讶。"每位员工都有这种标语卡吗?"他问。

"噢，没错，"维修工回答说，"我们每次换班前，都会先过一遍这些准则的内容，这样一个月下来，我们就能记住所有内容了。"

此事过后没多久，我就接到了斯蒂芬·柯维的电话。"下次我到亚特兰大时，希望能跟你碰个面。"他说。我们二人绵长而温暖的友情便从此开始了，一直延续到他 2012

年去世。

几年前，一位商界顾问在帮助过数十家经营不善的公司后，写下了员工言语中最常透露出的两大危险信号。第一种危险信号是员工开始多用"他们"一词，"行吧，他们不会让我们干什么""他们搞砸了""他们就是不明白"，这是部门或上下级之间出现隔阂的征兆。第二种危险信号是员工开始说"我不负责这个"，换句话说就是，"我有自己的专业小圈子，谁也别妄想让我跨出去一步"。

这就是为何我讨厌那种摆放着"客户服务"桌牌的服务桌。这样的桌子会对其他员工传达出一种无言的信息，让他们觉得自己不需要掺和这些问题，也不用伸手去服务顾客，因为负责"客户服务"的人会去处理。事实绝非如此！

相反，每个组织的理想目标，应该是运用一切方式（从对客人打招呼到认真拖地）让客人愿意再来。这样的目标远比仅仅去检查一些细碎的任务更有意义，它能给人留下宝贵的良好印象。

本尼迪克特准则

服务他人，并不是 21 世纪才提出的新概念，也不是什么管理者拍脑袋决定的。服务的理念至少可以追溯到中世纪。不知道你是否听说过圣本尼迪克特（Saint Benedict，480—547），他曾写过一本内容翔实的手册，介绍了修道院应该如何对待路过的访客。以下是部分内容摘录：

> 要把每一位上门的访客当作基督本人来招待……
>
> 一旦得知有访客上门，修道院院长或院内修道士应该和蔼地上前迎接……
>
> 对于初到院内或即将离开的客人，要满心谦逊地上前问候：对客人颔首鞠躬，或是跪伏在地上，要像是在接待基督一样。
>
> 迎接客人进门后……要让修道院院长或者客人指定的人选陪坐在客人身边……
>
> 修道院院长应为客人端水洗手；院长和修道士应为每一位客人洗脚。

虽然，在现代酒店行业，我们不用服务到这种程度。但你应该明白我的意思。我们要扪心自问，与本尼迪克特时代的修道院比，我们的服务如何？

本尼迪克特接下来写到了负责后厨的修道士，论述了他们工作职责的灵活可变：

> 一方面，应为他们提供所需的一切协助，确保他们在服务时不会暗暗抱怨；另一方面，他们手上的活计不多时，就应该去做分配给他们的其他工作。
>
> 不仅后厨要这么做，修道院所有岗位的修道士都应如此。这样，如果有人需要协助，随时都有修道士过来帮忙。同样地，修道士闲着无事的时候，哪里需要人手就要去哪里。

贴心关怀，永远是服务的应有之义。你我或许并非像本尼迪克特和他手下修道士那样，内心虔诚地信奉宗教，但我们可以同样心怀良善。

若想把客户服务落到实处，而不是浮于表面，我们必须正确地识人用人，从一开始就为他们指明正确的方向，并对他们不断重复我们的价值观念。每一位员工都要为培养顾客忠诚度做出努力。

如果我们为了蝇头小利，例如为了压缩支出，或是为了在经济下行时保住饭碗而将就服务质量，就势必会忽略掉最关键的工作。

关注细节

我们做的许多细节小事，都会对客户产生影响。例如，他们会注意我们讲话的方式。在丽思卡尔顿酒店，我会从市中心雇用那些高中就辍学了的人，并且让他们能优雅得体地履行职责。你问我是怎么做到的。

我在培训新员工时强调，在与客人打招呼时，不可以说"嗨"或"哪儿忙去"，而必须说"早上好，先生"或"早上好，女士"。当客人开口有所要求时，员工不可以说"行"或"得嘞"或"知道了"，而必须说"当然可以，这是我的荣幸，乐意为您效劳"。

他们不可以用"伙计"或"兄弟"来称呼客人，而必须用"先生""先生们"或"女士""女士们"。为何要坚持这样的说话风格呢？因为我们明白，客人希望被人尊敬乃至被人重视。"嘿，伙计们"，这样的话可达不到这种效果。

我从 1983 年起就定居在亚特兰大，并把丽思卡尔顿的总部设在这里。我有幸在这里结识了当地另一家实力企业福乐鸡快餐公司的高层领导。他们曾多次邀请我前去商讨事宜。就在几年前的一次讨论中，我说起了培训员工待客话术的细节。言毕我补充说："当然，对于你们所在的餐饮行业来说，这些话术或许不合适，你们可能需要更随意一点。"

大家开始集思广益，讨论何种用语更为适合。当时，福乐鸡的天才创始人 S. 特鲁特·凯西（S. Truett Cathy）就坐在后排。有人提出，福乐鸡员工回答客人时可以说"好，可以的"。

这时，后排传来了说话声："我喜欢'是我的荣幸'。"噢！

我回答："这样啊，我们在丽思卡尔顿确实用这句话，但你们也不一定非得跟着用。我们可以一起想想，你们店里该用哪一句。"大家继续开始讨论。

过了一会儿，后排的声音再次传来："我喜欢'是我的荣幸'。"

讨论到此为止。

当一个组织依靠优质的服务树立起声誉时，它也为自己赢得了独一无二的口碑。如果前门的员工能坚持热情地接待客人，尊重客人，为客人打理好一切，让客人身心愉悦，并为自己有幸提供服务而向客人表达感谢，那么客人自然会认为这家酒店的侍者、厨师、记账员、仓管员等每一位员工，都一样地优雅和善。如果有一天，这些员工到外面应聘新的工作时，只要提一句，"我在如此这般的公司工作过多少多少年"，得益于这家公司的出色口碑，他们能更快地被人录用。

正本清源

就我们所知，工作中不可能一切顺利。有问题出现时，当务之急是找出客户服务中的每一处缺陷与不足，亡羊补牢。

想实现这一点，难度或许超出你的想象。在这一方面，我也曾得到过教训。20 世纪 80 年代，我在亚特兰大市巴克黑德区开设了第一家丽思卡尔顿酒店。当时我们承诺，客房服务会在客人下单呼叫后 30 分钟内到位，但在实际运营中我们发现，这一承诺难以实现。实际上，早上的客房服务过慢，成了客人的头号投诉内容。

为此，当时经验尚不丰富的我，把客房服务部的经理喊到我的办公室，对他说："这个问题你盯着点。别让我再接到任何此类投诉了。赶紧去搞定这事儿！"

自然，他回答说："好的，舒尔茨先生，我会去解决这个问题。"

但投诉还是源源不断。客人有时早上打电话订早餐，说："请快点送过来，我马上就要去开会了。"如果我们没能及时送餐，他们就会心烦意乱，随便端一杯咖啡就匆匆出门。而且，电梯里跑上跑下的服务生还得把准备好的餐食白白扔掉，一分钱小费也拿不到。

随后几年，更多的丽思卡尔顿酒店开业，我的职责范围也越来越大。但我注意到，巴克黑德丽思卡尔顿店内的此类投诉丝毫没有变少，投诉量还是一如既往地高。

彼时，我已经研究过了马尔科姆·波多里奇国家质量奖评奖标准，其中强调，对于缺陷与不足，必须找到其背后的根本原因，以便斩草除根，一劳永逸地解决。这是任何组织持续进步的关键。

因此，我把各个部门的工作人员都喊来，从点菜员、厨师到服务员，对他们说："我希望你们成立个调查小组，一起找找这个问题背后的原因。你们去研究一下，每周向总经理汇报两次进度。"

于是他们开始追踪客房服务的每一流程，发现以下问题：

- 前台接到客人的预订电话后会把服务需求写下来，这一步没出错。
- 服务生阅读订单后会去备好托盘（银餐具、餐巾等），准备送餐，这一步没出错。
- 厨师收到订单后，很快就能准备好餐食，这一步也没出错。

- 随后，服务生会把托盘扛在肩头或顶在头顶，走向服务专用电梯——就是这个环节！当电梯在 22 层酒店各层上下移动时，服务生必须在一层电梯门口等上 15 分钟。

为什么会这样？

调查小组继续琢磨这个问题。他们知道，上午的早餐时段，服务电梯肯定很繁忙。所有的客房服务人员都要乘电梯上上下下，随身带着各种东西在楼层间活动。

于是他们请来了建筑工程师。"你们的电梯有什么问题吗？"他们问，"这电梯为什么这么慢啊？你得加入我们的小组，帮我们解决这个问题。"

建筑工程师答应了，尽管他觉得电梯的运行并没有任何机械故障。为了印证他的观点，他请来了奥的斯（Otis）电梯公司的人来检查。检察人员也确认，电梯设备确实没有问题。

接下来，员工小组决定派一名成员在早上体验一下服务电梯，观察一下到底是什么情况。毕竟，电梯上下一次应该不会超过 2 分钟。就算半路停靠开门，可能需要 4 分钟，但肯定不至于要 15 分钟。

小组派出的"先遣队员"搬了张凳子坐到电梯里，开始观察。

电梯从1层启动，一路上到4层，停靠后上来了一位客房男侍者。（在酒店行业，客房男侍者负责为各个楼层的女佣供应亚麻床单、肥皂、洗发水等物。）他进电梯后，按了5层的按钮，电梯开门，他拿出一块木块抵住电梯口，然后跑到储物室去抱了一捆亚麻床单回来。到了6层，他又把门抵住，出去送亚麻床单，然后回到电梯。他在每一层都重复一遍这一过程。

怪不得厨房送出的餐食托盘没办法及时送到房间！

随后，调查小组去盘问这名客房男侍者："为什么要这样做？"

"因为我们的亚麻床上用品不够用，"那个人平静地回答，"每张床只配了两套亚麻床上用品，一套在床上，一套在洗衣房。酒店应该再配第三套床上用品，这样始终有一套在路上，才能让床上用品流转循环。但现实是，我们只能一直互相偷用彼此的床上用品。"

调查小组于是邀请换洗部门的经理来参加会议，他是一位从酒店开业干到现在的老员工。"为什么男侍者总是将每一层楼的床上用品偷用到下一层楼呢？"调查小组问。

"因为我们每张床只配了两套床上用品。"

"那又为何会这样呢？"

"这个吧，"经理回答说，"我们这家酒店开业之前，预算比较紧张。舒尔茨先生为了缩减支出，把每张床配套的床上用品砍掉了一套！"

客房服务缓慢的背后根源终于浮出水面。最后居然是我自己的错！而我竟因此责备过好几名经理，这对他们太不公平了。我马上批准增购了一批床上用品，客房服务的投诉立刻下降了 70% 多。

但我们已经因此丢失了多少客人？服务生上上下下浪费了多少时间？有多少服务生因为没有了小费而难过失落？又有多少食物被白白倒进垃圾桶？

有时候，客户服务方面的问题，或者说任何方面的问题，都需要从表象向下深挖 5 层乃至更深，才能发现根源所在。柜台上的某一名员工是无法独自解决问题的。这需要流程上的每一名员工都参与进来，集思广益，因为我们每个人都会尽一切努力，希望能让客人再次光临酒店，成为我们的忠实客户。

经过这样对问题的刨根问底，不仅可以改进客户服务，从长远来看还能降低成本。这样的效果堪称完美双赢。

第 3 章 │ Excellence
            Wins

四大最高目标

　　服务大众并不是件容易的事。你的顾客（客户、会员、选民）有时真的脾气很差，要求很多。有些人会让你非常头痛。有时为了让他们开心，你会百般受挫，心情沮丧。

　　但如果你先入为主地认定自己不可能让对方满意，那你就不会再为服务客户尽心尽力了。这样的心态从长远来看非常有害。

　　多年以来，我分析过成千上万条评论卡片和调查问卷，有一点我可以告诉你，有 2% 的顾客永远都不会对服务满意。这类人毫不讲理，他们会索要一些你负担不起的东西，或是提出一些会激怒其余 98% 顾客的要求。对于这一小拨人，我称之为"搅局者"。

但即使遇到这种人，我们也不可以弃绝自己绅士或淑女的态度。我们身为绅士或淑女，必须始终保持身份，不必管别人怎么看。我们要将注意力集中在以下四大最高目标上，它们是任何组织通往成功的关键。

1. 留住客户。

2. 发展新客户。

3. 鼓励客户尽量多多消费，但不能与第一条目标相悖。

4. 在以上的工作之中，要始终努力提高效率。

无论你身处何种行业，无论你是在制造业、零售业、金融业、教育业，还是在政府部门，这四点都是你要努力达成的目标。无论你身边的环境多么嘈杂，无论你的工作多么忙碌，你都不能忽视这四大目标。你必须坚持为之努力。

我曾听闻，在基金募捐领域，很多非营利组织理所当然地相信，自己基金的捐赠人数每年会固定下降30%。他们坚信不疑的理由就是，每年都必须找一批新的捐赠人，才能让捐赠金额与上一年持平。

诚然，每年都有一些捐赠人寿终离世。但还有一些捐赠人觉得这家基金会的募捐不再吸引他们，因而一走了之。你难道不想去了解这些人为什么退出吗？你不想知道做些什么能留住他们吗?

事实上,我了解到,在直邮募捐领域,有一套完整的辅助流程,供业内组织买卖"过往捐赠人"名单。此类名单中包含了一些捐过款的客户的姓名与地址,但他们出于某种原因不再捐款,因此他们的联系信息会被募捐组织转手卖掉,每1000人的信息会被定价若干美元打包出售。对卖家组织来说,这些人已经不再有价值,但下一家接手名单的组织会尝试从这些人手中获取捐赠。这一操作已经是业内的常规流程,虽然与保留既有捐赠人相比,获取新捐赠人的成本往往更高。

如果募捐组织能从上到下地致力于挽留客户,尽力去理解并满足捐赠人的期望与需求,一定能收获意想不到的成果。

极端个例

或许现在的你正自言自语:"但是霍斯特,有些人真的不可理喻。你不可能让他们满意。"

诚然,如果你的客户提出了什么非法要求,那你确实必须打电话报警。这种情况下就不用考虑取悦他们了。然而,除了此类特殊情况,只要我们用心思考,还是可以想出很多有创意的方式去服务客户的。偶尔，我们会在酒店中碰见令人厌恶至极的顾客，让人忍不住想放弃服务。我制定过一条在全球 50 多家丽思卡尔顿酒店通用的规定：我是唯一有权力驱逐客人的人。我不会将这一权力委派给其他人。

有一天，亚特兰大丽思卡尔顿酒店的经理打电话给我说："霍斯特，我们这边有个客人，已经连住了 10 天。每天早上他都到我办公室抱怨各种事情。我们为他做的事没有一件让他满意。更过分的是，他天天在酒店内的酒吧待到很晚，还在那儿对好几位女士动手动脚！当然，那几位女士气得不行。我们能不能赶他走？"

当时我们手里没有太多有效证据，没办法报警指控他。我也没有亲临现场，或是看过监控录像。但这件事的性质很严重，不能就这样不了了之。

所以我回答那位经理说："好吧，你照我说的做。第一，趁他出门的时候把他客房的门锁住，让他进不去；第二，去城里另找一家高端酒店，为他定一个房间；第三，派一辆豪华轿车在门口停好等他。等他冲进你办公室理论时，对他说：'琼斯先生，这 10 天以来您一直对各种事情不满意。我们的宗旨是让每一位客人满意。所以我现在要试着用其他方式让您满意了！我们请您移步到另一家豪华酒店，我已经帮您订好了房间，门口的豪车正在等您。我们真心希望您能开心满意。'"

那位经理照办了。不出所料，那个客人几分钟后就怒气冲冲地把电话打到我这里。

"是的，我知道，"我打断他说，"对于这种情况，是我授意经理这样处理的。一切都是我的安排。"

"我要去起诉你！"他高喊着。

"琼斯先生，"我平静地回答，"如果您起诉我，那些被您动手掐过的女士们一定会一起到场出庭的。"

一阵沉默。

下面是这段故事的后半部分。6个月后，我接到佛罗里达那不勒斯店经理的电话。"霍斯特，我这边有个客人每天早上都到我办公室抱怨一顿，"他说，"不光如此，他还在酒店酒吧里伸手掐过好几位女士。"

"喔，你一定是碰到琼斯先生了！"我皱着眉说。

"你怎么知道的？"

随后，我把曾经告诉亚特兰大店经理的那个办法一五一十地对他讲了一遍。

后来，那不勒斯店的经理对我说，当他刚对琼斯先生开口说："琼斯先生，我们希望让您满意……"那家伙就摇着头说："哦，不是吧，又来了。"

别找借口

然而，让我们回来接着讨论那些我们可以服务好的客户。如果用心为之，我们能让 98% 以上的客户满意。这完全是态度上的问题。

此外，我们不能为自己找借口。多年来，我听过各种各样的借口，例如：

- "唔，你知道的，这年头的人越来越没耐心了。"
- "这是我们这边市场的问题。"有时候，一些借口相当于承认了自己是种族歧视者，比如"我们这边亚洲人太多了"或者"我们这边全是俄罗斯客人"。
- "我们门口的路面在施工，机器设备噪声很大。我们对此无能为力。"
- "我们这边天气太不好了。来了一场暴风雪，大家都不愿意出门旅行了。"——这种借口我从酒店经理的口中听到过很多次。

当然，对于一些经理来说，这些并不是借口，而是"解释"。这种推卸责任的说法，会让经理觉得已经给出了答案，因此算是解决了问题。可问题在于，只给出"解释"

是没有意义的。只有不断创新，克服挑战，努力奔向成功，努力让客户满意，努力获得成绩，才是真正有意义的事。

在我看来，这一点恰恰就是领导者与管理者的区别。一位领导者会努力实现四大最高目标：（1）留住客户；（2）吸引更多客户；（3）让客户尽可能多"消费"；（4）提高工作效率。与之相反，普通管理者只会把时间用来"解释"，而不去实现这些目标。

可惜，世界上管理者很多，真正的领导者太少。

不遗余力

如果组织中的每位成员都认同并遵循这四大目标，就能够带来完美的结果。一次，墨西哥坎昆海滩边的丽思卡尔顿酒店中入住了一对来此享受梦幻蜜月的新婚夫妇。但就在入住的第一天下午，悲剧发生了，新婚丈夫在沙滩上弄丢了自己的结婚戒指。

这对夫妇为此十分伤心。海滩上的服务人员马上忙着去帮他们寻找戒指，还喊来了更多的工作人员趴在沙滩上，在沙子里翻找戒指，可是一无所获。新娘的心态开始崩溃。二人悲伤地度过了那一天。

然而，是否存在更有创意的方法可以去试试呢？

夜幕降临后，酒店员工并没有只是嘴上说"很遗憾"然后一走了之。他们始终惦记着公司那四条经营目标，尤其是第一条：留住客户！留住客户！有四名员工一直在扪心自问，自己还能为这对不幸的夫妇做些什么来让他们开心。

最后他们决定，动用自己手上那 2000 美元的资金（我在前文提及过这一权利），进城买下了四套金属探测器。随后，他们开始地毯式搜索海滩区域，比之前找得更仔细。

第二天一早，当那对新婚夫妇来到早餐桌前时，看到自己的结婚戒指就在桌上等着他们。

你一定能想象到二人惊喜的尖叫声。后来他们写了热情洋溢的赞美信，寄给了酒店员工、酒店经理乃至丽思卡尔顿的酒店高管，我也因此而得知此事。新闻媒体后来还报道了这段佳话。这件事让我们的公众形象大大提升。

我后来想，如果那四名员工去找经理寻求许可，经理或许只允许他们购买一套金属探测器，而不是四套。但他们没有费这个工夫去请示领导，他们知道，为了让客人觉得丽思卡尔顿是世界上最好的连锁酒店，他们可以再努力一点。他们做出了正确的选择。

一个组织不可能让所有人开心，但尽力去尝试总归没错。

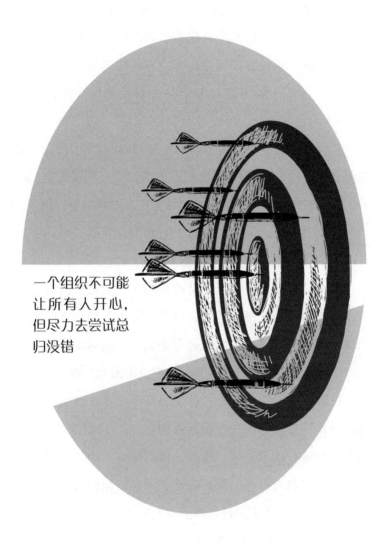

一个组织不可能
让所有人开心,
但尽力去尝试总
归没错

Excellence
Wins 　│第 4 章│

处理投诉的艺术

　　你有没有发现，当你对组织中的某个成员提出问题或不满时，他们的脸上会流露出一种死气沉沉的神情。如果他们还会开口说话，那语气一定听起来让人觉得有气无力。他们保持中立的态度，等你发泄完自己的情绪，心里想着要趁早逃离这段对话。

　　这些人都像是在汽车保险行业中培训过一样，因为汽车保险公司会告诉自己的投保人，在车子遇到小事故后要"保持礼貌，但不要说事故的责任在于自己，就算你心里确实这样想的"。（这是我在一家汽车保险公司网站上摘抄下来的，至于公司名称我在此不便透露。）

很多企业管理者似乎认为，在遇到难题时最好的选择是能拖则拖。他们忽略了一个事实，那就是在 90% 以上的投诉案例中，顾客只是想发泄不满情绪。他们一般并不想进行任何实质性的索赔，只是希望有人听他们说话。他们只是想听一句"为此我很抱歉"。

成为怪物的小老鼠

多年以前，我从佛罗里达国际大学的一位商学院教授那里听来了一个故事。有一次，他和一位朋友在咖啡馆里用早餐，服务生为他们端来两杯咖啡，当教授喝了大约半杯后，他发现杯底沉着一只死老鼠！

他立刻喊来经理，"这杯咖啡里有只死老鼠！"他不满地说道。

"不，那不可能，"经理坚持说，"不可能是真的。"二人为此争执起来，经理始终不肯承认事实。

最后，教授起诉了那家咖啡馆。后来他在全国各地受邀讲座时，把这件事对台下的商界听众讲了一遍又一遍，他说："如果经理给我道个歉，我可能让他免了我的早餐钱就算了，肯定不会起诉他。然而，他非要对我如此强硬，让本来就很糟糕的事态恶化了。"

　　另一个相反的例子发生在捷蓝航空（JetBlue Airways）。2007 年 2 月，一场暴风雪席卷了美国东北部，捷蓝航空被迫取消上千航班。一些旅客已经在肯尼迪国际机场登机，但被迫在机舱里等了 5 个多小时。捷蓝航空很快陷入一片混乱，一些城市的飞行员在候机楼里苦等，可计划中的航班迟迟不出现；另一些城市的飞机则只能空停在机场，没有机组能上机执飞。这一切过了快一周才恢复正常。

　　当然，旅客们为此非常生气。"我再也不要乘坐这家航空公司的飞机了！"他们彼此狠狠发誓。航空业评论者也开始怀疑，捷蓝航空的声誉还能否从这次严重的负面事件中恢复过来。

　　作为应对，捷蓝航空首席执行官戴维·尼尔曼（David Neeleman）很快亲自出面诚恳道歉。尼尔曼向受这次事件影响的每位旅客道歉，对捷蓝航空给这些旅客的生活带来如此不便表示歉疚。他甚至向每一位员工道歉，为他们面对愤怒旅客时经历的沮丧与窘迫道歉。他和手下联系了所有可以联系的媒体，还把自己的致歉视频放到了公司官网上。

　　尼尔曼说，这次冰雪灾害或将让公司损失高达 3000 万美元，但他决心重新赢得旅客与员工的信任。捷蓝航空为此做出了改变。尼尔曼和董事会一致认为，作为一名高瞻远瞩的领导者，尼尔曼应该升任董事长，与此同时他们提拔了另一位更注重工作运营的人担任首席执行官。此番行动之下，捷蓝航空逃过倒闭的命运。直到今天，捷蓝航空仍是美国第六大航空公司，继续在天空中穿梭飞行。

现在明白一句小小的"赔礼道歉"有多大的作用了吧？

如何落实

我坚信以上这种应对投诉的方法是一项重要战略，为此我开设了一门 2 小时的必修课程，要求每一位丽思卡尔顿员工学习领悟。学习结束后，甚至会为他们颁发专门的证书，证明他们已经完成了培训。以下是我们课程中的一些重点。

1. 无论你觉得投诉者多么可笑，绝不可以嘲笑，或是讲笑话、开玩笑。时刻注意自己的面部表情。对于你面前的人来说，你的表情很重要。

2. 如果有人向你投诉，要立刻接受，马上说："我很抱歉。"无论问题的责任是否在你，都要如此。在这种时候，你代表着组织的形象，你的发言就是在代表组织的发言。

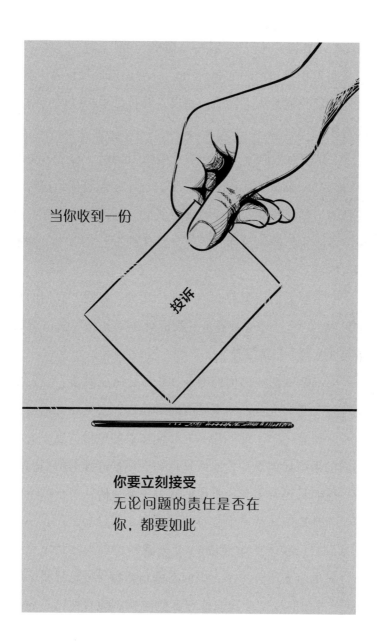

3. 不要提"他们""别人"，多说"我"。光说"唔，看起来是他们搞错了"于事无补。对于愤怒的投诉者来说，这样的话只能是火上浇油。相反，要自己承担错误或误会的责任。

4. 请求对方原谅。直接说"请您原谅我"。注意，要说"原谅我"，而非"原谅我们"，要自己承担起责任，这对于安抚对方情绪作用很大。投诉者听到这句会说什么呢？会说"不，我拒绝原谅你"吗？会给你的下巴一拳吗？基本不可能。

5. 不要去引用各种政策手册，比如"好吧，我们的规定里说……"一个心烦意乱的投诉者，完全不关心14号政策第8款第3段说了什么。

6. 不要试图炫耀你的专业知识，比如"其实，会发生这种情况是因为我们的系统有内部设定，会自动识别某些信号，还有……"投诉者不关心你知道的事情，也不关心你们的系统如何设计，他们只想知道你是否理解他们的痛苦。他们只是希望有人听他们倾诉不满，确认自己的不满不是无理取闹。举一个教育领域的例子。设想一下，一位母亲到自己孩子的学校说："昨天施密特夫人对我家克里斯汀做的事太不公平了，她的态度很粗鲁。她这样是不对的！"学校的校长或其他管理者此时就必须忍住内心的冲动，不能炫耀自己的学历或是长期从业经验，也不要向孩子的母亲空口保证，说自己学校的老师都很专业，对学生问题的处理绝对合理。这些都只会传达出一条简单的信息："我们是专业干这个的，我们知道要如何管理学校；你只是个妈妈而已。"其实，此时这位母亲就像一头要保护幼崽的母熊。或许他没有基础教育学的学位，但她有自己的"利爪"与"尖牙"！如果学校处理这件事时没有考虑周全，这位母亲势必要大闹一番。

7. 最后，不要假定投诉人是在索取某物（如金钱）。大多数情况下，他们只是想被倾听。他们希望甩掉内心的不爽，希望有人尊重自己的想法。只要你能做到这些，他们会从愤怒的情绪中平静下来。

背后的机遇

信不信由你，顾客或客户的不满是一次培养新的客户忠诚度的机会。何为忠诚度？简单来说就是信任的感觉。生活中的每一种人际关系，都是由不信任开始的。我不认识你，我怎么知道你会不会占我便宜。如果一段时间内一切进展顺利，双方的关系或许会达到中立状态：我猜这个人或这家公司还算不错，至少到现在为止他们还没有在背后害过我。

那么，如果此时出现了问题呢？如果此时遇到服务不到位、双方误会或局面混乱的情况呢？并且，如果此时公司能立刻承担责任，出面道歉并尽力纠正局面呢？

顾客会觉得，"他们确实在听我讲话，帮我解决了我的问题，他们已经做出了补救，我相信他们"。这就是一句真诚的道歉及后续补救措施能实现的催化效果。能够让一段关系不仅恢复到问题出现之前的状态，甚至能比之前还更为紧密，如此便培养出了新的忠诚度。

然而，这样的忠诚度也并非坚不可摧。如果过了一个月或一年后，相同的问题再次出现，顾客自然会开始怀疑之前的判断是否可靠。"或许我还是不该完全相信这个组织"，他们可能会这样想。双方关系的指针又会弹回"中立"状态，需要重新赢得对方的信任。

每一次困境，都是一个增进信任的机会，但也可能将原有的信任摧毁殆尽。

脆弱的名誉

一次我到一家美国名牌百货商店买衣服，我挑选了一套西服和两条裤子。这家店素以服务周到著称。我选好了喜欢的款式和颜色，裁缝帮我量好尺寸后向我保证，他一定会用心修改。

我后来到店取衣服时，把衣服试了一遍，西服套装很合身，两条裤子的长短也很合适，裤脚刚好到脚面。但裤腰有点松，我之所以发现了这一点，是因为一周前试衣服时我量过裤腰的尺寸，而此时我又试了一下这条裤子，裤腰的松紧并没有变化，很明显他们没有帮我改尺寸。

我对售货员说："等一下，这两条裤子本来是要调一调裤腰松紧，但你们并没调。裤腿长度很合身，可是裤腰的尺寸和之前一模一样。"

他的回答只有一句："好吧，我把裁缝喊过来。"于是，他们帮我重新量了一遍，记下了与之前一模一样的修改尺寸。

"行了，我们会处理的。"那个售货员对我保证，"你需付额外裁剪费 80 美元，下周三来取吧。"

"什么？"我说，"你疯了吧，居然要再收一笔费用！我要找你们经理。"他们是当我傻，还是怎样？

经理听了事情的经过后，敷衍地道了个歉。她同意不再收取第二笔费用。但没有一个人过来跟我解释一下为什么第一次没有按照要求裁剪。

最后我拿到了自己的衣服，前后经历了一堆麻烦。但我可以向你保证，我以后再也不会去这家店里买东西了，就算他家的服务口碑再好也没用。他们如果能认真回应我的不满，本可以轻易留住我这位顾客，但他们没有这样做。

处理威胁

有时想让一位愤愤不平的客人冷静下来，一句道歉是不够的。你可能已经尽力同情他们的不满，甚至已经赔偿了他们的损失，但他们可能还是威胁要把你告上法庭。

以食物中毒为例。可能会有客人说："我昨晚在你这儿吃过虾后，一整晚都没能睡，弄得我今天快难受死了！我要去起诉你！"而你的员工当晚给来店的客人上过 60 盘虾，其他人吃了都没事，就这一个客人说自己吃坏了肚子。

你可以道歉，说你为他的身体不适感到很抱歉，但如果对方说要找律师过来，你就要换种说法了。你要回答："好吧，这样的话，我们就没必要继续谈下去了。您需要去和我的律师谈谈，他们的姓名与办公电话是……"

一些情况下，这样的回复会让对方让步，但如果对方真的寄过来一封正式的投诉信，你就要把信转交给你的律师，接下来的事情你就不用参与了。你的法律团队会接手此事，为你争取损失最小的解决方案。在当庭证词之下，对方的不满一般会消失不见，你的损失可以通过谈判协商与庭外调解来降到最低。这便是现代经济中商务活动的本质。

但大多数情况下，那些觉得被冒犯的人只是想找个人听他说话。他们希望有人能听完他们的抱怨后说"我真的很抱歉"，他们希望自己的情绪能被人注意到，而非被置之不理。一句当面道歉的话甚至邮件中的一张手写便条，都不失为理想的补偿方式，事情也就这么过去了。

我有一次永生难忘的经历。一天清晨，当我走进亚特兰大市巴克黑德区的丽思卡尔顿酒店大厅时，一位客人认出我来，上前和我说话。"你知道刚刚发生了什么吗？"他几乎是喊着对我说，"我把代客提车的小票给了你们的门卫，让他帮我把车从车库开出来，但他居然让别人跳进了我的车，把车开走了！"整个大堂的人都停下来听他大喊大叫。

帮他提车的门卫当时肯定是走神了，没有守在车边等车主过来。这下我们摊上麻烦了。

我立刻回答说："这真是太让我尴尬了，请您原谅我！我们会马上报警，并且我们现在就帮您约了一辆车，免得您赶不上约好的日程。"这件事倒是方便安排，因为大堂里就有一家租车公司的柜台。

　　几分钟后，他平静了下来，上车离开了。

　　到了晚上，警察找到了他的车，送了回来。那位客人第二天打电话给我，感谢我解决了他的问题。就这样，一场公关危机最终化险为夷。

　　不要总是把投诉想得太复杂。只要能保持警惕，迅速而周到地处理问题，投诉问题就会迎刃而解，甚至会让组织从中受益。

第 5 章

三类客户（以及三种让他们流失的做法）

　　商企或其他组织的管理者经常会自豪地说，"我们的数据库中包含了多达 20 万名客户的信息"，或是"我们的会员达到了 3000 人"，或是"我们与 15 000 名选民保持着密切联系"。一些人甚至自称有数百万的客户。

　　当公司面临出售或合并时，其手中的客户姓名与住址是一项重要资产，有时甚至比公司的地产或货物库存还有价值。但有个问题，而且是个大问题：那些住在匹兹堡、帕杜卡和普罗沃的客户，可不认为自己是某家公司的财产，他们随时都有可能离开。事实上，客户确实会突然离开。

　　如果我们在思考或行动时，已经默认了客户是属于自己的，那就踏上了一条危险的歧途。

三类客户

在企业经营中，与我们打交道的人不外乎以下三种。

心存不满的客户。这些人会觉得自己在交易中吃亏了：觉得自己花钱买到了劣质产品，或者觉得柜台人员拿自己的信用卡胡乱操作，或者觉得服务人员态度不友善。反正他们对交易的印象不佳。从此以后，这些人就成了针对你们公司的"恐怖分子"。他们会到处和朋友讲述自己的糟糕经历，会到社交媒体上大肆抱怨，会在网上给出差评。不管走到哪儿，这些人都会散播损害你们品牌声誉的种子。

心满意足的客户。这些人觉得一切都"不错"。他们拿到了付钱后应得的东西，一切顺利。当然，如果下次你的竞争对手给出更优惠的价格，他们会很快改变选择。如果其他公司额外赠送一个手提包、一件首饰甚至一个毛茸茸的泰迪熊，他们就会马上到别家去消费，他们并不会特别地偏爱你。

忠诚的客户。这些人到你这里消费，纯粹是因为喜爱（就像在 Facebook 上点赞一样）。经验告诉他们，选你这里

一个组织持续的优良
表现才是客户忠诚度
的基石

如果我们在思考或行动
时，已经默认了客户是
属于自己的，那就踏上
了一条危险的歧途

消费永远没错。他们会告诉别人你这里的商品或服务有多好。即使有别处更高的折扣，他们也会始终与你站在一起。他们觉得自己是你们组织内的一分子。

这些人不会直接说"我相信这家公司"，而是把这个结论深深地刻在潜意识中。只要你这里有他们需要的产品或服务，他们就会毫不犹豫地选择你。但正如我前文所说，一个组织持续的优良表现才是客户忠诚度的基石。就算这些客户已经与你建立了牢固的信任关系，只需一两次糟糕的体验，便会让他们的信任动摇。你必须始终努力满足客户的需求，满足他们的期望，才能巩固客户心中对你的信赖，让他们一次次地确信自己的选择没有错。做不到这些的话，他们根本就不是你忠诚的客户。

"你的客户"是如何流失的

一般来说，一家公司在做出以下三种行为后，便会失去忠诚客户的信任。前两种行为潜滋暗长，第三种则会表现得夸张一些。

你的品牌对客户的承诺开始打折扣

无论高端与否，每个品牌其实都是对公众的一种承诺：

如果你为此买单，你可以得到这个和那个，这会让你很开心。不管是到梅赛德斯奔驰还是到麦当劳，客户对自己的交易都会心怀期望。

当公司预算吃紧，收益与上一年或上一季度相比有所下滑时，经营者便会忍不住对客户手中的"蛋糕"动心思，以为减少一些客户的利益也绝不会被发现。以我所在的高端酒店行业为例，经理会说："我们其实没必要一直买鲜花摆在大堂里，对吧？可以把这笔费用省下来。那边那架每天晚上有人来弹一弹的钢琴，我觉得挪走也没什么影响。还有，房间里的香皂，我们可以用稍微小一点的。还有那些毛巾，没那么软也没什么关系的吧？"

不可思议的是，这样的经理常常会因为帮助酒店节约成本而得到嘉奖，甚至可能会荣获年度最佳经理的奖项。届时酒店会为他安排一场高端晚宴，把他面带微笑的照片投放到大屏幕上，在场的每个人都用掌声欢迎他上台，领取他的奖项牌匾和一次南太平洋豪华度假游。大家喊着："真是太棒了！好极了！"好在哪儿呢？这位经理为酒店节省了开支？可与此同时，客人对酒店的评价也会开始下降。客人觉得这家酒店无法再满足自己的期待，而酒店的品牌形象也就随之缓缓崩塌。

企业经营中有一项恶名远扬的措施，即委婉地宣布进行所谓的"架构重组"或"规模优化"。这种说辞的言外之意通常是，"好吧，各位，把人力成本削减10%"。一场裁员随之而来，将企业中那些有价值的专家与人才扫地出门。但不久之后，客户便开始抱怨。企业不得不雇用新员工。员工数量又开始增加，而且新员工的经验与老员工相差很多，必须从零开始学习业务。

请不要误会我的意思。我完全赞成提高经营效率。我们没必要让员工的薪水成为公司的负担。但追求效率和拍脑门式的压缩成本是两回事。

如果我们真心坚持客户原则中的第一条"留住客户"，那么年度经理的评选标准就该是看他挽留了多少客户，而非削减了多少成本。有多少客户说自己会再回来入住呢？有多少客户说自己会把酒店推荐给朋友呢？在完成满意度调查问卷时，有多少客户勾选了最上面的选项框（评分选择9/10或10/10）呢？这些方面的成绩才是更重要的衡量标准，更值得鼓掌与赞美。

你开始草率行事

我们很容易忘记要从客户的角度去看问题，忘记去注意客户的关注点。在对日常运营的例行工作了如指掌后，你会开始忽视细小之处的不足。

设想一下，一位旅客登上飞机，在她放下面前的小桌板时，看见上面有一小块咖啡渍，你觉得这没什么大不了的，但在那位旅客的心中，她会想："呃，这架飞机上会不会有其他地方像这里一样没做到位呢？机务工程师有没有按时检修发动机？还有机舱大门，在 3 万英尺的高空是否牢靠呢？这次飞行到底安不安全？"

不久之前，我到一家轮胎店里询问给车子换新轮胎要花多少钱。店里的柜台后面站着三个女人。她们中没有一个人抬头对我打招呼。柜台上的衬垫脏兮兮的。我知道，换轮胎确实是一份脏活儿，但他们一定要让店里的接待区也一样脏吗？柜台一端摆着一个咖啡壶、几个纸杯。烧焦的咖啡味在屋中弥漫，我完全没了喝咖啡的欲望！

我走到那三个女人面前，说："请问，一套轮胎大概要多少钱？"她们喊了个修车工来测量我车子的轮胎尺寸，随后开出一份报价单。价格还算公道，但我没有在这里下单。6 个月后，我在另一家经销商那里买了一套轮胎，他家的店面干净整洁，并且懂得待客之道，把我当成一名真正的客人来服务。

你看，我去的第一家店铺，店员认为自己只是在买卖轮胎。但他们错了，事实并非如此。那些轮胎并非他们亲手制造的，而是由倍耐力、米其林和凡士通生产的。作为经销商，他们体现价值的唯一方式在于为客户安装他们从批发商那里采购的轮胎。

在杂货店中，顾客会观察结账队伍向前的速度。排队等候时，他们就有空低头看看结账区的过道是否干净。我敢肯定，对于普通的购物者来说，他们很在意店里的卫生情况，就像在意一罐豆子能不能便宜 5 分钱一样。这会直接影响到他们下个星期还会不会来购物。

你开始自大自负

如果我们自以为比顾客更优秀、更聪明，那么一旦顾客有所察觉，他们便会立刻转身离开。我的一位朋友曾对我讲过他的一次购物经历。当时他去了一家很出名的电子产品商店，想买一个新路由器，但他不知道自己该买哪一款，也不太清楚自己需要哪些额外的路由器功能。

我的朋友说："我当时喊过来的那位售货员也就 20 岁左右，是个典型的 IT 男，满嘴计算机术语。看得出来，为我这么一位无知的老家伙讲解产品让他觉得不耐烦。其实，我很了解互联网，我每天都在用计算机工作，我不是个 IT 菜鸟。但那个年轻人肯定比我懂得多，毕竟他与电子产品经常打交道，对它们了如指掌。而且他对我的态度就说明了一切。"

我年轻时第一次到美国，是在旧金山的一家法国餐厅当侍应生。那里的侍应生好像全是法国人，只有我是德国人。他们互相聊天时，会傲然地议论那些"连刀叉都用不好"的客人们，只有巴黎的礼仪规矩才正确得体，而那些没文化的美国佬显然不懂。

在他们招待每一桌客人时，我能感受到那种傲慢。这与多年前我的第一位师父教给我的完全相悖。这些客人难道不是我们的衣食父母吗？我们难道不该尊重他们吗？我们难道不希望他们成为回头客，改天再来多多消费吗？

不得不说，那家餐厅的饭菜水平出色，餐厅的主厨和手下一定都很负责，店内的装饰布置也很高雅。但即便如此，不到一年的时间，那家餐厅就歇业倒闭了。顾客能察觉到空气中的隔阂与敌意，于是便不再过来吃饭。离开了温暖的人情，高雅只会成为傲慢。

就在最近，传来一个令人震惊的消息：美国国内最出名的一家银行，居然被揭露曾在客户不知情的情况下，伪造了200多万个信用卡和贷款账户，从而完成银行的销售指标，并向客户收取额外费用。这简直难以置信！他们怎么敢这么做？

对此，来自宾夕法尼亚大学沃顿商学院（Wharton School of Pennsylvania）的一位著名商学教授说："问题在于，这到底仅是银行最高层领导的公开欺诈，还是揭露了富国银行管理体系的深层腐败……富国银行管理层最开始给出的解释（实为借口）认为，这次恶性事件是个别现象，而如今这个说法已经站不住脚了。"

这位教授的另一位同事补充说："在此次危机之前，富国银行是世界上资产价值最高的银行。但此次事件过后，富国银行的市净率下跌了 31%。此外，那些未受丑闻影响的银行也一直在蚕食富国银行的市场份额。"

这次事件的例子堪称典型，组织自负而贪婪地极力实现第三大目标（促使客户消费），却牺牲了第一大目标（留住客户），最终落得满盘皆输。

忠诚客户会员俱乐部的局限

说到最后，还有一个运营策略值得我们探讨一下。今天，企业大多会通过邀请客户加入会员俱乐部的方式来提升客户黏性。这一做法在民航业已有几十年的历史。航空公司会为其会员提供"里程"奖励，用来积攒兑换以后的免费机票。自此，无论是食品店还是五金铺，都加入了发展客户会员的队伍。

这种做法无可厚非，只要我们能时刻铭记，这些会员并非"属于我们"。就算他们愿意每年支付 59 美元甚至更高的入会费，他们也并不属于我们。客户或许今年 11 月交过了会员费，但到了明年 4 月他们真正需要消费时，已经把这笔投资忘到脑后了。假如他们不再喜爱我们的产品或服务，那就绝不会为了换取会员积分而继续违心地选择我们。

此外，人们对于会员制的新鲜感早已消失。《经济学人》杂志曾刊载，如今"每个美国家庭平均加入 28 个客户会员，而超过半数的会员账户处于搁置状态……会员制泛滥至此，已经很难提升客户忠诚度。"此外，你真的想在自己的钱包或手包里装上 28 张乱七八糟的塑料会员卡吗？

一次我参加了一家公司的管理层会议，这家公司当时正为客户保有率下滑而苦恼。客户预订量不断减少，"我们该怎么办？"老板想要一份答案。

马上有人回答："可以调整一下我们的积分系统。"换言之，他们觉得如果能给来这里消费的客户发放更多的会员积分，就能换来客户量的回升。

似乎没有人在意要如何改进自己的核心产品。过了一会儿，我走到翻页挂图前，在上面画了一个杯子。"这个杯子里的水，代表了现在到你们这里消费的客户。"我说。随后，我在杯底画了几滴漏出来的水。"而这些漏出来的水滴呢？就是那些不满的客户。很明显，客户对某些方面不太满意，所以他们才会离开。或许这才是我们应该讨论的问题，你们觉得呢?"

如果产品本身无法留住客户，其他一切都于事无补。如果顾客的体验不能吸引他们重新回来消费，我们就要问问自己，原因何在?

不能靠额外的消费积分或小恩小惠来巩固顾客的忠诚度，而要靠一次次满足顾客的期望来反复强化顾客黏性。真正卓越的组织会不断为客户提供他们需要的东西，绝不会让客户对组织的期待落空。只有这样，才能赢得客户的反复光顾，为组织带来收益。

与员工打好交道

| 第 6 章 | Excellence Wins

别只把员工当助手

假如你开了一家油漆店、草坪护理服务公司或是旅游咨询中心，现在想象一下，在某个星期四的午夜时分，你工作的地方会是什么样。办公室里摆着打印机，周围黑暗而寂静，只有小小的绿色电源灯还在闪烁。屋子里的椅子都空着。窗外，公司的汽车在月光下一动不动，车门紧锁。这些你买来或租来的物件，满足了你的日常运营所需。

但还是少了些什么？

很明显，少了你的员工。他们显然不会整夜留在工作岗位上，耐心地等着你下达命令。此刻他们已经回家，与家人或朋友团聚，开始了他们工作之外的丰富生活。他们

86

要照顾子女，与伴侣谈心，去杂货店购物，看电视节目，打电话、回短信，要做的事情成百上千。而且，这么晚了，他们需要睡一会儿！只有等到星期五太阳升起后，他们才会把注意力重新转到你的身上。

想到这里，你或许会自言自语：呃，不然呢？但又有多少商界领袖错误地认为，人类只不过是某种所谓的"功能性部件"，身体被雇来完成某项特定的工作。一名员工的实用意义，与一张椅子或一台打印机差不多，仅此而已。

亨利·福特（Henry Ford）是一名出色的工程师，一生成就众多，尤其是改进完善了现代汽车生产线技术。在其他汽车仍在靠工匠一次性拼装制造时，福特创造了一种新的方式：让工人站成长长的一列，为缓缓从自己面前经过的汽车底盘安装上各自负责的零部件。这一设计的确堪称天才。

但流水线系统摧残压抑了工人的人性。不过，福特很明显没想这么多。据说，他曾如此抱怨自己的人事部门："我只是需要一双干活儿的手，可为什么每次手上面还连着脑子？"并且，福特似乎对顾客的个性也不太感兴趣。这就是为什么他曾说："顾客可以想要他们喜欢的任何颜色的汽车，但是福特汽车只有黑色一种。"

先确定某项操作的功能与内容，再去拉一个活生生的人过来完成操作，这是目光短浅的做法。这把人当成了另一种"物件"。我认为这种行为不仅有害，甚至有违道德，这是在蔑视上帝赋予人类的才能与价值。这会让人失去人性，将人类贬为工具。

跳出"泰勒制"

或许我们尚不自知，但我们有时仍处于学术界所谓的"泰勒制"影响之下。"泰勒制"一词源于工业工程师弗雷德里克·泰勒（Frederick Winslow Taylor，1856—1915）。他提出，要实现高效的规模化生产，每项生产操作需要一些人（少数人）来思考，另一些人（多数人）来动手。优秀的人要负责制定操作规范，并指导其他人完成操作，确保每个零部件都能又快又好地从流水线上生产出来。至于生产工人是否有机会去欣赏乃至看一眼最终的成品，都无关紧要。泰勒说，保证生产运行不间断是一切活动的目标。

如今，很多老板不再直接引用泰勒的话，但他们仍在遵循泰勒的管理哲学，比如会提出："要保持秩序，整齐一致。"这句话的言外之意是什么呢？一般来说，它的意思是：我是队伍的领队，你们排好队跟在我后面，不要越界。

在面对潜在的员工时，换种说法会好很多。可以说："你想知道我们公司是做什么的吗？我们立志要成为行业第一。这便是我们的奋斗目标。说实话，这算是我们的梦想。再过3年，我们一定可以成为这座城市的行业第一。为了实现这一目标，我们有……的价值观体系。这就是我们。我们的目标和你希望加入的公司的目标有没有相近之处？你想不想在我们这里出一份力？这需要我们每个人都付出很多辛勤的汗水，但最终结果一定很棒！"

如果对方给出了肯定的回答，可以进一步展开说："对你个人而言，加入我们能为你带来尊重、认可与机遇，让你有机会在行业中有所成就，当然，也能为你带来经济上的回报。美好的未来正在等待着你。"

此外，假如求职者内心深处对这一行业并不热爱，希望找个其他领域的工作，或是希望定居在其他地方，那不管他多么优秀，我们都最好不要聘用。

招聘的难点在于把你的愿景描绘出来，并邀请其他有血有肉的人来加入你的团队，一起追求这份愿景。这或许是领导者选人用人时最关键的一个策略，这是更有大局观的招聘方式，而不是通过一堆求职简历随便筛出几个比较出色的人，再把他们塞到缺人的岗位上。如果组织雇用员工的目的仅仅是维持日常运转，比如仅仅是为了有人去制作香肠或是办理客人入住手续，那只能说明组织的管理问题很严重。

对于动机
或目标，
员工会很
有热情

对于命令
和指示，
员工只会
违心忍受

不妨回顾历史，重温苏格兰经济学家亚当·斯密（Adam Smith）的理论。这位经济学家因《国富论》备受世人推崇，而他对自己早期的另一部著作《道德情操论》（*The Theory of Moral Sentiments*，1759）的评价更高。在该书中，他提出了一个绝妙论断（不知是否为他首创）：人类无法对命令或指示产生理解与共情，但可以理解动机与目标。

我认为亚当·斯密的这一说法完全正确。对于动机或目标，员工很有热情；对于命令和指示，员工只会违心忍受。可是近三个世纪已过去，下达命令与指示不正是如今的领导者最爱使用的管理方式吗？

在大萧条时代，面对飙升到 25% 的失业率，也许我们的祖父辈在急需工作时不得不忍气吞声，无论缺人的是什么岗位都要去做。但今天已经不是 20 世纪 30 年代，人们深知自己想要什么样的工作。问题在于，一些老板仍然没有摆脱大萧条时代的思维模式。这是他们从那个时代的管理者身上学来的。

我记得，曾有一位中国香港的酒店经理在我旁边听我和他手下的客房服务人员讲话。我当时对服务人员说："你们现在可以畅所欲言，你们说说，我们还有哪些不足，哪些地方可以改进。这家酒店有没有可以做得更好的地方，跟我们说说！"

等到会面结束，那位经理说："舒尔茨先生，请您原谅，我想辞去这份工作。"

我很惊讶。"为什么？"我问，"出什么事情了？"

"您允许手下员工畅所欲言，"他直截了当地回答，"这里是我说了算，而不是他们。"这位经理周末辞职离开了。

我们必须让我们自己和领导层的同事都摆脱这种思维定式。员工不是按编写好的程序去完成各自工作的机器人。当面对员工，乃至面对新来的应聘者时，我们要停下来想一想，自己当年也是这样一个心怀梦想的孩子，此刻最需要的是激励。

学会表扬但不能盲目宽容

我一向主张重视员工的人性，这与上帝授意摩西对以色列先民说的"爱邻如己"异曲同工，上帝后来将这一句列为"十诫"中第二重要的一条。

一些演讲者把这四个字用在婚姻关系中，说"你的妻子（或丈夫）是你最近的邻居"。没错，而员工与你的距离也很近。我们每天与他们一起工作。在业务繁忙的时候，我们与员工在一起的时间有时比和家人在一起的时间还长。

他们是值得我们去尊重、赞美甚至去爱的人。

然而，这并不代表我们要对他们过分宽容，或为他们放宽标准。有时"爱"这个词常被误解为"软弱"。如果我们对某一个员工放宽要求，容忍他的消极怠工，或是在毫无正当理由的情况下批准他额外休假，那其他的员工便有理由不满。同时，拥有组织所有权的股东或投资人也会提出异议。

公司存在的意义是让所有人都能受益，包括公司股东、公司员工和社会大众。因此，当有人无法达到目标标准，并且多加训诫后仍不改过自新，那我们就有责任做出艰难的抉择。当我们为员工订立更高的要求标准时，没必要担心这是"不爱"他们的行为。

井井有条的组织

那么，一家公司怎样才能顺利运转并达到预期目标呢？在商业世界中，要如何实现梦想呢？请允许我用一幅简单的图来说明（见图 6-1）。

先看图的左边，有三项关键的投入：优质设备、优质材料、优质员工。

假如你要开一家海鲜餐厅。首先，你需要一间设施优良的厨房。你要确保炉灶和烤箱都好用，能够把食物加热到需要的温度，而且操作方便，质量可靠。

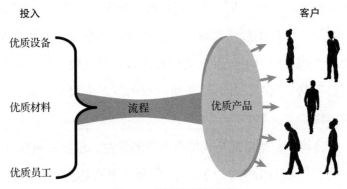

图 6-1　顺利运转的组织

其次，你需要准备新鲜的渔获。如果你的菜单上有三文鱼，你就要找能买到手的最好的三文鱼。其他种类的鱼鲜也是如此。

最后，你需要几名熟悉厨房厨具的厨师，他们能烹饪出完美的三文鱼、鳟鱼和鲯鳅鱼。需要一队手脚麻利、礼貌待客的服务生。你还需要一名风度翩翩的男主人或女主人站在门口迎宾。

这三项都是你运营餐厅的关键要素。并且必须把这些人整合到操作流程之中，让他们在流程中完成各项工作，并最终为顾客提供优质的产品。何为产品？对于餐厅而言，舒服的用餐体验便是它提供给顾客的产品。对于我所在的酒店行业，则是一次宁静而愉悦的住宿。而对于你所在的行业，产品的含义或许又有所不同，但任何产品都必须符合上述流程规律。

在我所描述的这一流程关系之中，任何一处的缺陷、不足与脱节，都会影响最终产品，进而让客户感到不满，选择离开。

在本章的余下内容中，我会着重探讨一下体系中的第三项投入：寻找优质员工。我们不能随便雇人。有时候，公司的人手不足，管理者便会在慌乱之中做出一些会让他们后悔的决定。应聘者只要能稳稳当当地从房间这头走到那头，就会被录用。而管理者用不了多久就会发现，这样"慌不择人"不是个好主意。

《从优秀到卓越》（*Good to Great*）一书的作者吉姆·柯林斯（Jim Collins），曾准确地把组织管理者比作公交司机。他说："公司的管理者若想从优秀到卓越，首先要关注的问题不是'要去哪儿'，而是'谁要去'。卓越的管理者要做的第一件事，是让合适的人上车，让不合适的人及时下车，并且确保每个人坐在合适的位置上。"

那作为管理者，我们要如何才能得知哪些人应该上我们的"公交车"呢？他们上车后又该坐在哪些位置（即具体的工作岗位）呢？光做做背景调查，或是给他们的推荐人通电话就够了吗？还是说要做些更深入的工作呢？

核心原则：招聘不是简单录用，
而是要学会选择

在你发布招聘信息前，花时间思考一下什么样的人能够很好地胜任这份工作，甚至能乐在其中，有没有人每天早上睁开眼睛就想去做这件工作，这样的人会有何种性格。

对于招聘工作，最开始我也不知道从何入手，因此我去寻求外部协助。我找到了内布拉斯加州林肯市一家名为 Talent Plus 的顾问公司，而事实证明，他们的确让我受益匪浅。比如，他们研究了"什么样的人能成为一个好门卫"。在采访了我们酒店中最优秀的几位门卫后，该公司发现，这些人都喜欢户外工作！他们毫不介意风吹日晒的工作环境。当问及日常爱好时，他们大部分的回答是"园艺"。如果把这些人安排到一间没有窗户、满是电脑的办公室里上班，他们会感到十分痛苦。

就这样，我们很快为每个工作岗位总结出了一套"岗位适配问卷"。于是，面对客房服务岗位的应聘者，我们就会问："如果让你在聚会结束后打扫卫生，你感觉如何？"这样的问题很有意义，不是吗？如果对方天生就喜欢整理

家务，或是打扫别人留下的杂物，那就一定能够胜任酒店客房服务工作。

对于前台接待岗位的应聘者，我们会比较关注应聘者的外貌条件。这样，他们就能给陌生的客人留下美好的第一印象，这对酒店来说无疑很重要。我们也会去了解应聘前台的求职者是否善于处置冲突。我们会问："你知不知道要怎么让别人开心？""如果有人为了某件事而生气发火，你会如何应对？"

对于销售人员（以酒店为例，销售人员负责吸引客人来预订会议、婚礼、政府晚宴等活动），我们会考察他们的营销竞争力。"你是否有过参与团队并获胜的经历呢？"我们会这样问。我们还会关注销售人员的公关能力，比如会问："你喜欢去劝说引导别人做他们不想做的事吗？""你善于吸引别人的注意力吗？"此外，我们还会考察他们的自律能力，我们会问："你擅不擅长一心多用，时刻关注事情的每个细节呢？"

我们发现，很多人给人的最初印象是符合岗位的要求，但其实并不是合适的人选。他们不适合"公交车上的那个座位"。因此，在选择人才时务必仔细。就算是要招聘一名优秀的洗碗工，我们平均也要面试至少 10 个人才能找到合适的人选。

看到员工离职率大幅下降，我们就知道一切都是值得的。在酒店或餐饮行业，人们时常会决定放弃手上的工作，因此有时员工年均离职率会高达120%。我们把离职率控制在了20%以内，并不是因为我们付给员工更高的薪水，也不是因为我们实行了工会制——我们曾并入一些建立了工会的分支机构，但我们还没有被迫走上全面工会制的道路。我们只是在选人用人方面更加用心，而我们的员工都很享受自己的工作内容，所以不愿离开。他们的岗位都很适合他们的性格。与此同时，这样也能留住他们身上宝贵的工作经验，也就让我们节省了重复培训新人所需的大量时间与金钱。

不要企图走捷径

我在前文曾提到过，凡事操之过急往往会适得其反。"下周一我必须招到人！"我们对自己说。然而大多数情况下，这样随便拉过来的人根本就不符合岗位需求。急匆匆解决问题，或许能换来暂时的喘息，但可能会在未来道路上徒增烦恼。

记得有一年，我们有11家酒店开业，这让我们忙得不可开交，也让我在忙乱中做出了一件追悔莫及的错事。当时我要为每家新酒店雇用一名总经理。但我没办法从酒店内部找到足够的提拔人选。所以，我最后选择了和我在其他公司共事过的两个老朋友。

我们一起完成过很多工作，合作得很愉快。他们二人都很优秀，为人诚实又工作努力。于是我让人给他们做了一遍"岗位适配问卷"，令我诧异的是，二人都不符合这套适配标准。

我到内布拉斯加与 Talent Plus 公司的人争辩此事。"这一次我有点怀疑你们的研究成果是否有效了，"我说，"我知道你们的结论基本不会出错，但我觉得肯定是漏掉了哪里。我很了解这两个人。你们一定是搞错了。"

那时，我已经明令禁止我的手下录用任何无法通过适配性筛选的应聘者。但我毕竟是老板，只要我愿意，我可以打破自己定下的规矩。最终我还是录用了我的那两位老朋友。

但很遗憾的是，两年过后，我便不得不把他们二位请走了。这件事让我非常痛苦。我曾想尽一切办法去帮他们走上正轨。甚至我会每天早上打电话过去，问他们"这件事或那件事你做得怎么样了？你对这件事怎么看？如果出了这种事，你打算如何降低损失？"然而一切都是徒劳。

我当时为此彻夜难眠，但最终为了公司的福祉，我不得不采取行动。我"只凭直觉"便一意孤行地雇用了他们，而没有基于数据与信息来仔细选择。这件事让我难过了很多年。

是谁的过错

有些时候，被解雇的员工很容易就遭到责备与批评。人们会说："是的，乔没把自己的工作干好。"管理者也开始回忆乔犯过的错误和偷过的懒，觉得这些事情都是责备他的理由。

但我要问，是谁把乔招进来的？乔真的适合他的岗位吗？如果他真的适合自己的岗位，那我们是不是没能尽全力帮助他成功胜任自己的工作呢？我们有没有做错的地方？被解雇真的全是他一个人的错吗？

如果我们在选择应聘者时能更慎重一些，并且用心培训他们（具体内容详见接下来的两章），这样的尴尬局面就会少很多。当看到员工在努力工作中逐渐成长，并为公司做出非凡贡献时，我们也会一次次地收获快乐与满足。

多年前，我认识了一位名叫伊比的年轻人，他是一名来自肯尼亚的难民，当时是他来酒店做洗碗工的第一天。他不是我亲自面试录用的，是厨房经理把伊比招进来的。

几天后，我路过厨房时又看见了伊比。"早上好，先生！"他主动对我打招呼。当我回话时，我一下子就注意到他身上十分整洁，尽管洗碗是一份很容易脏乱的工作。

几周后，我又遇见了伊比。"下午好，先生！您今天过得如何？"他身上的工装一如既往地干净，就连鞋子都擦得锃亮。

我心里有些好奇。我问经理："伊比这个人怎么样？他工作做得好吗？感觉他的身上随时都很干净。"

"舒尔茨先生，他干活儿比别人都麻利。他是个很在意自己形象的年轻人，每天要换两次工装！"

这位肯尼亚年轻人，在自己不起眼的岗位上创造了卓越的成绩。

很快，客房服务部经理说："我想让他过来做服务员。"于是，伊比不再洗碗，开始负责为客房送餐，顺便可赚一些小费。

后来，宴会经理说："我这边缺一个晚宴主管，可以让伊比过来干吗？"

就这样，他一点点进步，直到今天已经担任了亚特兰大市中心的丽思卡尔顿酒店的总经理。

我承认，并不是每个人都能像伊比一样上进。但说实话，没有几个人来上班是想消极怠工或随便混混的。大家工作都是为了实现某个目标而努力。我们既然邀请别人加入，就要为他们安排合适的位置，让他们充分发挥自己的才能。我们不能像从书架上随手拾本书那样挑选员工，随便把他们塞到某个空缺的岗位上。我们也不能把员工当成机器。与之相反，我们要把他们当成与自己平等的人去了解他们，并针对他们的独特性情精心挑选适合他们的工作任务，激发他们的潜能。这样，员工就能长期保持优秀，这不仅对他们有利，也能让整个组织受益。

Excellence
Wins | 第 7 章 |

首要之事

你花费精力评估每个岗位的适配条件，然后花时间去面试一批应聘者，最终精心选择出录用对象（而非不经挑选就直接录用）。现在是时候让他们直接去干活儿了，对吗？你希望他们能马上承担繁重的工作任务，对不对？

别着急。

上岗前的入职培训非常重要，但人们在这个环节经常做不好。入职第一天，在新员工花了两个小时填写人事文件、拍照、领取员工牌后，经理会握着新员工的手说："欢迎来到我们的部门。我很高兴你能到这里工作。我们是一个团队，大家互相合作，共同努力。"（真的吗？）

103

"来，我带你去认识一下克丽丝特尔。她已经在这边干了9个月。让她带你到处看看，给你讲讲上手工作的窍门。"（什么门？这家公司还卖门？）

我听过一段真实的故事。南加利福尼亚州一家与政府合作的大型航空工厂来了一个新员工。入职报到当天，领导带着他找了一个前辈，说是给他"指点指点"，然后就走了。领导一走，那个前辈员工就跟新员工说："好，我来教教你如何在不用干活儿的情况下打发掉8小时的工作时间。跟我来。"

他们先去参观了休息室，然后去了自助零食区，之后参观了零件库房，和库房柜台那里的美女聊了半天。随后，他们又继续在厂区里转来转去，一直逛到了下班时间，就直接打卡回家了。

现在你明白我们的军用战斗机贵在哪儿了吧？

最重要的演讲

最应该让一名新员工学习的事情，不是如何拧紧螺栓，怎么连接网络，或是墙上的急救包在哪儿，而是要让他了解我们是谁，我们的梦想是什么，以及我们这个组织存在的原因。

　　入职第一天，其实是一次不可浪费的黄金时机。心理学家说，人类在 16 岁后，只要不经历重大的情绪事件，就几乎不会有新的行为了。我们只是会重复自己曾有过的行为，做出自己曾有过的反应。这些行为源自我们的父母或其他模范性人物，在我们心中早已根深蒂固。第一天入职，就是一次重大的情绪事件。

　　入职第一天一般是星期一，新员工会准时甚至提前到单位报到，打扮得很考究，眼中炯炯有神，期待开始新的生活。对于明智的领导者来说，这是机不可失的一天，必须抓住机会！这是新员工倾听外界信息最认真的一天，比第二天或第三天都更认真。

　　我管理的每一家酒店开业时，我都坚持亲自到场，为新人完成入职培训。如果你当时在场，便会见到下面的场景。

　　每个新员工都坐在自己的位置上，整个屋子里满满当当。这时我走了进来，穿着深色西装，打着领带。我走到讲台边，第一句话（带着我浓浓的德国口音）会说："早上好！我是霍斯特·舒尔茨。我是这里的总裁兼首席运营官，我的地位很重要。"

　　说到这里，我会稍稍停顿一下，看着下面的观众一边盯着我，一边暗自好奇，我怎么会如此自抬身价……我接着往下说："但你们也同样重要！任何人都不应该说自己高人一等。对于这家公司来说，你们和我一样重要。为什么这样说？因为你们在这里的付出与贡献十分关键。如果我明天到下午才来上班，可能没几个人会发现！但如果你们有一个人没来做客房服务，那我们的客房床铺就没人整理，明晚的客人就没办法入住。这会立刻为我们带来经济损失。我们就得去着手处理这一场灾难！"

这一天以及第二天的其余时间，我会继续解释我们是为了什么而工作，我们在思考什么，一个公司组织在我们的心里又代表着什么。我会介绍我们的愿景，解释其中的每一句、每一段。我会邀请每个新员工成为这一愿景的一分子，为他们解释对于个人来说这个愿景有何意义。"向着这一愿景而努力，你会在别人眼中成为一名卓越之人，"我说，"整个服务业都会如此评价你。"

接下来我会介绍我们的使命，同样也会进行详细的解释与举例说明。

我会好好谈一谈那四条对任何公司都非常重要的目标（本书第 3 章中强调过的四大目标），并详细解释每一点的内容。

随后，我会讲到以下这些重点内容：

- "我们的动力是：要成为行业第一……"

- "我们认为客户是……"

- "而客户真正想要的是，能有人关心他们，尊重他们，并迅速解决他们的问题……"

- "在我们这里，'客户服务'意味着……"

- "这些就是我们努力的方向，是我们奋斗的动力。这些就是我们的热情所在。所以，不要只是为了给我或是给你的上级领导打工而工作。加入我们，一起追求我们的梦想吧！"

我永远不会忘记，在牙买加蒙特哥湾的丽思卡尔顿酒店开业时，我的这一番话带来了多么深远的影响。其实在开业之前，服务业的同行就提醒过我，说这个国家的员工素质不高，经常会从公司偷东西，随时都想着占公司的便宜。这些话听起来很让人丧气。

开业第一天，我照例到场去做入职培训。我邀请满屋子的新员工加入我们逐梦的行列，我特意强调说他们不是"仆人"。他们要成为绅士与淑女，去为绅士与淑女服务。"如果你们成为优秀的人，"我说，"不仅能给丽思卡尔顿带来好名声，还会让人们对牙买加的印象改观，酒店的客人会到处赞美你们。"

第二天一早，我到酒店旁边的白女巫高尔夫球场附近跑步。7：30刚过，我跑完回来，准备洗个澡就去参加8点的员工会议。令人惊讶的是，我一路上见到很多衣着考究的人朝着酒店走去。女士都穿着漂亮的裙子，甚至还戴着帽子；男士则都穿了一身上好的西服，系着领带。他们这是要去参加婚礼吗？我暗自好奇。不对啊，现在去婚礼现场也太早了。

我一直跟着他们看，最后看到这些人走向酒店的员工入口！原来他们都是我们酒店的新员工，来参加那场8点开始的会议。他们把我前一天说的话放在了心上，把自己打扮成了绅士与淑女。这一幕让我热泪盈眶。

"你们今天看起来棒极了！"我对他们说，"你们能在参会之前如此精心准备，为了这份新工作而化身绅士与淑女，我感到很荣幸。不过放心，你们无须每天都穿成这样，我们会给大家发放制服的！"

下一步

在新员工入职那一周的周三，我会依次与每个酒店部门开个碰面会，问他们："在我们酒店正式开门营业之前，让我们畅想一下，假如给你们部门一天的时间去休闲放松，让你们一起去做点什么，你们觉得做什么最舒心呢？谁有什么建议吗？”

几乎每一次都会有人说："我们可以一起去旅行。"

"可以，这是个好主意。"我会说，"那你们的一日游会选择去哪里呢？"

他们一般会讨论一下，最后决定去附近的某个景点之类的地方。

"你们打算如何往返呢？"我问。

答案一般是租一辆大巴车用一天。

"好，现在换个情景。"我接着说，"你们部门即将开始一段旅程。假如给你们 6 个月的时间，你们打算走到哪里呢？你们这一个团队会一起走到哪一步？"

"这个嘛，"人们一般会回答，"我们希望成为最优秀的团队。"虽然他们会有不同的回答，但传递出的信息是很明确的。

"你们都认同这一结论吗？"我继续试探，"你们确定自己想成为最优秀的那个人吗？"

"当然！"

"好，你们现在有了自己的努力目标。之前我谈到过公司的发展目标，你们有了更明确的方向。告诉我，'成为最优秀的那个'对你们来说意味着什么？"

回答各种各样："我们想成为清理打扫得最干净的团队。""我们想成为待人接物时最友善的团队。""我们想成为办事做事时最高效的团队。""我们想赢得别人的尊重。"这时我会一边听他们说，一边把这些答案写到翻页挂图上。

然后我会插一句："除了这些，你们不想同时收获开心与快乐吗？"

"哦对，也要开心！"

最后，我会让部门经理们站起来。"这位是你们的团队领袖。"我说，"你们知道他的职责是什么吗？我来告诉你们，他的职责就是帮助你们完成刚刚列出来的那些事。他会帮助你们实现部门的发展目标。"

"有时候，这意味着在你们实现刚刚提出的那些目标之前，他不会允许你们因自满而止步不前。比如，如果你听到他说，'嘿，伙计们，我们还没有成为卫生最干净整洁的团队，还没有实现自己之前立下的目标'，那你们不要因此而厌烦他。他只不过是为了你们好，想把你们拉回到实现目标的道路上。如果他发现团队中有人对实现你们的目标不太感兴趣，那么他要负责把这样的人请出团队。你们有自己的任务使命，不能让任何人妨碍到你们。"

直到入职培训那一周的星期四，我们才会开始讲解工作上的"窍门"，介绍具体操作的细节流程、必须严守哪些安全标准、必须填报哪些报告文件等。但在讲到这一部分之前，我们已经为员工展示了宏观的愿景，树立了我们的奋斗目标。就像我前文所说，这一部分的内容最好由我来亲自讲述。而对于那些已经开业运营的酒店，会由酒店的总经理来对每一批新员工开展类似的培训，一轮接一轮。

你不一定要照着我的方式在组织中开展培训，可以自己基于实际来创建培训流程。但无论流程如何，一定要在新员工接受度最高的入职阶段为他们重点介绍你们组织的长远目标和宏观愿景。

不能把入职培训当成例行公事，当成一项需要承受的负担，一次为了完成而完成地走过场。入职培训是夯实未来一切成功基础的关键环节。缺少了这一步，或是对培训敷衍了事，只能给组织留下先天不良的隐患。

管理大师彼得·德鲁克（Peter Drucker）曾说过："文化可以把战略当早餐吃掉。"换句话说，就算你有再多的发展战略、发展方向、发展系统，如果组织的文化方向有偏差，再好的规划也是白费力气。离开了好的组织文化，你的团队永远不会充满活力、协调配合，而只会沦为僵化的官僚组织。但如果能从一开始就培育一种目标明确且活力满满的文化，你的组织便可以历经年月而长久不衰。

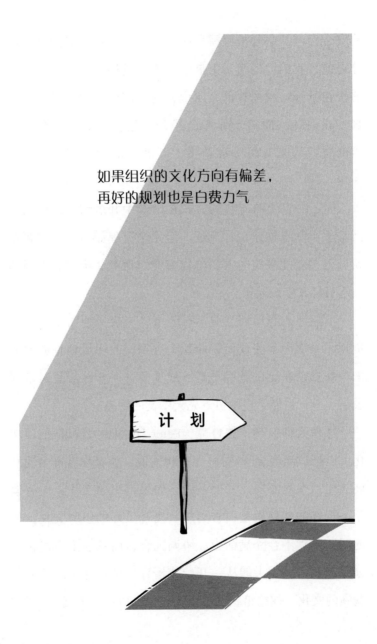

如果组织的文化方向有偏差，
再好的规划也是白费力气

重复的益处

　　无论你的演说多么振奋人心，你的幻灯片多么流畅，你的视频演示多么精彩，过上 24 小时，你的听众就会开始淡忘这一切。无论员工的入职培训多么成功、多么深入人心，都需要持续强化他们的印象，让他们真正记住培训的内容。

　　大家都熟知可口可乐吗？肯定熟知。那为什么可口可乐公司还要一直给自己的产品打广告呢？因为它们想让人们永远在脑海中记得它们。可口可乐每年花费 40 亿美元做广告，只为防止自己的品牌被人们淡忘。

对优秀员工的选拔培养，有四项内容：首先是最初的应聘选拔；其次是鼓舞人心的入职培训；随后是入职后的岗位流程细节培训；最后是让他们记住所学的东西。为了实现这一点，必须设立一套目标明确的流程系统。

每天10分钟

如果你了解我们在丽思卡尔顿和嘉佩乐酒店是如何确保员工记住培训内容的，你一定会觉得我们做得过头了，但我们的方法十分有效。我规定每个班组在每次轮班前（要记住，酒店是24小时营业）都要开一次简短的站会，从我们的24条服务准则中选1条讨论。班组中的领导会朗读当天讨论的准则原文，并谈一谈他对准则的理解。他会讲一个故事或是朗读一条宾客评语，来阐述如何把这条准则落在实处，其他员工也可以提出自己的见解。讨论过后，大家才会回到各自的岗位上工作。

如果今天讨论了准则1，那明天就讨论准则2，后天讨论准则3，以此类推。每过24天，便重新来一轮。

这些服务准则是我针对酒店服务所制定的，但它们也可以用于其他行业。内容如下。

1. 我们的"准则"（Canon）是我们的从业宗旨，适用于组织内的每个人。

   你可能要问，"准则"具体指什么？"准则"是我们对从业态度的正式表述，即"我们的业务是通过为每一位宾客提供能满足他们需求的产品来为组织的所有者带来利润，并创造出独一无二的成就。我们提供可信可靠、真诚体贴、迅速及时的服务，服务质量优于竞争对手。我们尊重和授权员工，使他们有归属感与目标感。我们积极支持并参与各类社会活动，为社会做出自己的贡献。我们坚持自己的价值观，相信荣誉与正直"。很明显，这部分需要消化理解的地方太多了！

2. 我们每个人都了解、秉持"时代精神"（Zeitgeist），并身体力行地诠释与丰富它，这是我们对宾客服务承诺的基石。

   你可能要问，"时代精神"是什么？这是个很好的德语词，意思是"某个时代或时期的精神"。"时代精神"的内容是客人来主导和决定的，因为宾客的需求因时而变。我们"时代精神"的细则包括服务的专属性、忠诚性、体验感以及传世价值，对于每条细则我们都用一句话来定义说明。

3. 在每一次和宾客接触时，都必须遵循我们的服务步骤（例如，热情地问候宾客，提前预测每位宾客的需求并设法满足，以及亲切送别），注意不是在"某几次接触"时，而是在"每一次接触"时都要遵循这些步骤。

4. 我们要乐于助人，若能更有效地服务宾客，可随时停下岗位上的工作。

5. 在电话铃响三声之内接听，接听时声音中要带着亲切的笑意。与人交流时要使用能与嘉佩乐的品牌形象相匹配的术语，不能屏蔽来电。尽量不要转接来电，避免让宾客在电话中等待。

6. 你有责任发现并及时解决任何可能会影响到宾客的工作失误或缺陷。预防工作中的不足是通往卓越服务的关键。

7. 确保酒店的每个区域都干净整洁。我们对酒店中的清洁清理、检修维护与组织安排负责。每一家酒店都要遵循我们的 C.A.R.E.⊖ 维护流程。

⊖ "Clean And Repair Everything"之缩写，要在宾客看得见与看不见的地方，做好每一处清洁与维修工作。

8. 永远要主动认出宾客。当宾客走到离你 3 米远的地方，就要停下手上的工作，微笑着迎接并上前服务。

9. 安全与安保工作人人有责。了解发生紧急状况时自己的职责，了解如何保护宾客与酒店财产。发现安全风险与安保隐患时要马上报告，并在力所能及的情况下及时处理。

　　例如，如果在大堂发现一个无人看管的手提箱，酒店工作人员就必须去查明情况。举个更严肃的例子，每个客房女侍者都知道，如果客房门把手上到了下午还挂着"请勿打扰"的牌子，就必须去检查房间情况。大多数情况下，宾客只是忘记把牌子拿进屋里，但万一是因为宾客第一天夜里死在了房中呢？（这种情况曾不止一次发生过。）女侍者此时会上前敲门，如果无人应答，便要通知酒店保卫处，保安会检查酒店电脑记录，查看这间客房的入住者是谁，入住过几个人。随后他们会给客房打电话，询问："一切还好吗？需要我们的服务吗？"如果无人接听，保安会拿着通行证来开房门，如果门内还挂着门链，他们就会用螺丝刀开锁进门。谁都不希望房内发生任何悲剧。

10. 每个人都有义务去弥补服务缺陷，改进工作内容。

换句话说，不要觉得"其他人"会去处理你看到的问题。看到地上洒了水，要马上做出反应，立刻把地面擦干净，以免有人路过时滑倒。在我们一家开业很早的酒店中，一位客房管家注意到房间里的浴袍总是被丢到地上。她想，为什么不在淋浴间旁边的墙上装一个挂钩呢。的确应该装一个。很快，我们在那家酒店乃至每一家连锁酒店客房的淋浴间旁都装了一个挂钩。

11. 当宾客遇到困难时，你有义务承担起解决问题的责任，并马上解决。为了让宾客彻底满意，你有权处理任何问题。要遵循质量改进行动表（QIAF）流程，认真记录遇到的问题。

12. 要陪同宾客前往他们想去的地方，或者用目光注视客人的目的地，不要伸手去指方向。

13. 在宾客面前要随时保持注意力集中，全神贯注。在提供服务时要积极主动，细致体贴，及时迅速。具体来说，就是不要低头盯着电脑、手表和手机等。

14. 尊重宾客的私人时间与隐私空间，提供服务时不要打断或打扰宾客的个人活动。永远不要去要求宾客帮忙或配合你，例如为你签名或与你合影。

15. 入住嘉佩乐酒店是一段难忘而独特的经历。要积极主动为宾客送上各种小惊喜，让宾客开心愉悦。

16. 注意观察每位宾客的处事风格与节奏，随时注意他们的情况，为他们营造独特的环境，提供专属的服务，打造个性化的体验。

　　例如，我们为来自得克萨斯州的年轻的一家人所提供的服务，肯定和为英格兰银行董事长提供的服务不同。

　　有一次，我们的一位宾客和两个活蹦乱跳的小男孩手里拿着玩具塑料曲棍球杆，在走廊里打曲棍球。当然，我们不能让他们这么一直打下去。但我们没有直接叫停他们，而是对他们说："你们猜怎么着，我们今天刚好有一间空着的会议室，我们可以把里面的桌椅搬到旁边，留一片空地给你们打曲棍球！"问题解决了，大家都很开心。不过，也有些宾客会比较拘谨保守。

17. 我们的穿着打扮和一举一动，都代表着嘉佩乐的品牌。我们要保持得体的外表着装与个人形象，让人无可挑剔。我们要杜绝那些与嘉佩乐的形象不符的用语，如"嗨""行""没问题""伙计们"等。

18. 运营时间的建议性规定只是指导性原则，而如果需要满足个别宾客提出的诉求，这些时间规定不能成为限制。

　　换句话说，不能对宾客说"真不巧，游泳池现在已经关了"，或是"不好意思，我的轮班时间到了"。无论如何，为客人提供的服务不能中断。

19. 我们有权力且必须去满足宾客的需求。要在宾客抵达之前和入住期间，了解他们的独特需求与偏好，以便提供定制化的服务体验。

　　曾有一位宾客向我们提出一项奇怪的要求，说要在客房里摆上 7 盒抽纸。在他第一次入住时，我们没能满足他的这一要求。当他第二次入住并且提出相同的要求时，我们幡然醒悟，并从此开始满足他的这一诉求。我们猜想他或许有某种过敏症，但这与我们无关。

　　每次当电影明星到酒店里入住时，都会提出一些极端的服务要求。他们的人会送来一张张清单，列出哪些可以做，哪些不可以做。有一次他们足足送来了 19 页双面打印的服务要求。出于某种原因，艺人一般会要求把窗户关得严丝合缝。他们睡觉时不想有一丝光亮，所以我们除了要用胶带把窗帘边缘贴到窗户框上，甚至还要把房间里所有电器上的灯都遮住。曾有一位艺人特意强调说："下午 1 点之前不准你们在走廊里用吸尘器。"好吧，听您的!

20. 为了让每位宾客体会到入住嘉佩乐酒店的独特体验，必须掌握一定的知识信息，要对酒店的各项服务与特色活动了如指掌，并且要了解酒店当地的特色、历史与传统。

　　就像一位非营利组织的领导曾对手下说的那样："你最不该对客户会员说的一句话就是'我不知道，你去问别人吧'。"

21. 在嘉佩乐酒店，永远要对宾客的隐私保密。永远不要与媒体或酒店外的任何人谈论酒店或店内的宾客。如果有人向你询问这些信息，务必立刻向酒店总经理汇报。

　　各位新闻记者和八卦专栏作者，抱歉，让你们失望了。

22. 在工作场所内外都要保持积极向上的态度。我们有责任为酒店内的各位创造一个良好的环境，维护好我们的口碑与声誉。

我可以毫不尴尬地对手下员工直说："希望你能忠于我们的酒店，这里是你谋生的地方。我希望你谈及自己的同事或酒店事务时，不要提及任何负面的内容，无论是在工作时还是下班之后，都要如此。不要忘了，你对自己工作场所的任何描述，都从侧面反映着你的人格品性。"

23. 我们所用的每一种书面沟通形式（包括利用标识牌、信件、电子邮件、手写纸条等进行沟通），都能反映酒店的形象。

凡事皆有前因后果。如果餐厅菜单上有脏污，那说明厨房可能也不太干净。如果你的文字中有错别字，那就暴露了你的粗心大意。或许100位宾客中，有99位宾客不会注意到这些疏漏，但我们的目标是让100位宾客都愿意再次光临。

24. 作为专业的服务人员，我们要时刻保持彬彬有礼的态度，与宾客和同事打交道时要心怀尊重与敬意。

注意，这句话中不仅强调了"宾客"，还有"同事"。一个人和蔼亲切的态度，并非像开关一样能随用随开，只在宾客面前展露。在招聘员工时我发现，很多应聘者说他们希望有"良好的工作环境"。那么，这样的环境由谁创造呢？由我们每一个人创造。我们对待彼此的态度，便是很重要的影响因素之一。

在酒店行业，有一个惯用语"酒店后场"(the back of the house)，用以形容酒店的内部业务区和业务流程。我们不允许大家用这个词。相反，我们会说那里是"酒店核心区"(the heart of the house)。如果我们能看着彼此的眼睛，高兴地问候对方，并随时互相帮助，那就能创造出我们自己的工作环境，让我们和宾客都感到舒心。

当员工一遍又一遍地重复这些话，每年都听 12 次以上，他们就能把这些内容深深刻进脑海。员工的口袋中都会装着写有以上内容的折叠卡片，以便随时翻看参考。无条件地遵守这些服务准则，会成为员工们的第二天性。他们会想："在这里我们就该这样做事。"

为何要不断重复

你可能会想："哦，天哪，我们平时实在太忙了，没时间一遍遍重复这些内容。我们得赶在期限之前完成手上的工作！我们这里的业务节奏太快，不适合这种方式。"

在我们酒店运营早期，我不止一次从投资人的口中听到过这些话。"你说每天花 10 分钟是什么意思？"资产经理会问，"你知道这样加起来要花费多少小时吗？你这是在白白浪费薪水。"

我的回答很简单："那你是想让我们的员工永远不理解自己的工作吗？这就是你想要的效果？我定下的这 10 分钟，是员工所有工作时间中最重要的 10 分钟。"

事实上，这是我初入酒店行业时在欧洲的高端酒店体验过的管理流程。我还记得，当时经理或领班会让我们站成一排，下达工作指示，同时会检查我们的仪容仪表，看看我们的指甲干不干净，鞋子擦得亮不亮，头发梳得整齐不整齐，制服上有没有褶皱或污点。在完成这一项检查之前，我们不可以去接待客人。

　　我来到美国，并最终有机会管理丽思卡尔顿酒店后，沿用了这种让员工排队接受检查的规定，而我的目的主要有以下几点。

　　第一，也是最重要的一点，我希望每一位员工都能了解、理解并努力践行公司的价值观。其他公司的惨痛教训让我明白，仅仅在入职时做一次演讲是不够的。

　　第二，我希望强化品牌的整体性。我们这个组织还很年轻，发展迅速且在不断自我调整，此外还散布在全球的各个地区。客人入住上海或大阪的丽思卡尔顿酒店时，能否享有与亚特兰大或拉古纳尼格尔的丽思卡尔顿酒店同等的待遇呢？每次轮班前的列队检查可以确保每个岗位上的员工每天都能听一遍相同的内容。

　　第三，酒店行业中的员工流动率很高，一直都会有新员工加入酒店，我需要一种培训员工的好方法，让员工了解我们的工作内容。我想省掉那些"他说要这样做，他说要那样做"的麻烦争论，比如：

　　"嘿，那个活儿你应该这么做才对。"

　　"我没听谁说过啊。"

　　"你肯定听过，入职培训时他们讲过的。"

　　"我入职培训时怎么没听到。"

　　如果每个人都能一起反复听到相同的准则内容，并且在口袋里放上准则卡片，就不会出现这种情况了。

第四，酒店很多员工的受教育水平有限。许多员工是外来移民，一些人还不会读写英语。在课堂环境下学习，一般效率不高，还会让人心生抵触。他们更喜欢在每次换班之前，找个酒店里的角落或走廊集合开几分钟会，这样他们能更好地聆听，甚至会鼓起勇气来提问或提建议。

第五，这样的列队检查能让管理者有机会对员工通报公司的新消息，例如公司的新项目、公司内部的晋升机会、公司上下的好消息，还有公司面临的问题与挑战。这样有助于每一位员工与组织的战略和方向保持一致。否则，他们就会像在狭窄的隧道中工作，只盯着自己手上的活计，而对公司的宏观发展图景一无所知。

你还记得斯蒂芬·柯维在《高效能人士的七个习惯》一书中对"紧急"（urgent）和"重要"（important）的区分吗？他说，"紧急的事情"是那些会慢慢蚕食日常时间的事情，例如接打电话、插嘴打岔，甚至某些会议同属此类。"重要的事"则是规划方向、结交关系、发掘新机遇等事项。

柯维甚至在书中画了一个四格图示，用以展示这两种重要的概念。"当你只关注第一象限内的事情（一些紧急的事，如危机和问题）时，"他说，"这些事情就会变得越来越大，直至把你吞噬。它们就像汹涌的海浪，越涨越高。

直到一个巨大的问题把你彻底击倒，让你从此一蹶不振。你挣扎着站起来，但下一个问题又会把你击倒在地。"

柯维接着写："第二象限（一些不太紧急但十分重要的事）则是实现高效自我管理的关键（我想加一句：这也是组织管理的关键）。这里的事项是那些不算紧急，但很重要的事情。我们深知自己应该去做这些事，但因为它们不太紧急，所以我们基本不会抽时间去做。"

柯维把自己对第二象限内事项的看法总结为："无论你是大学生、流水线上的工人、家庭主妇……还是公司总裁，如果你能分清哪些事情属于这个第二象限，并且能积极主动地去完成这些事项……你的效率一定会有质的提升。你的危机与问题都会弱化到可控范围内，因为你能居安思危，未雨绸缪。"

第二象限内的核心事项之一，就是要拒绝懈怠，不断重复并强化你的做事标准。这意味着你要用心完成那些重要的事，而不是把时间全部用来做紧急的事。

益在长远

多年以来，数家公司听取了我的建议，在内部实行类似的日常重复性强化培训。有些公司称之为"碰头会"。当然，这些公司都依据自己的行业需求，编写了各自的工作标准制度。但它们和我一样都很清楚，如果想成为行业领导者，就必须强化自己的竞争优势，否则自己的优势只会越来越弱。

一次，我们接管了纽约市一家经营不善的酒店。我一开始便注意到，它们不举行员工例会，没有每日培训，也不会反复强调日常服务标准。为此，我亲自搬到这家酒店中住了3个月，来考察它们日常如何运营，哪些地方没做到位。我让他们开始每日举行一次站会，就是我前文提到的那种。

一天，我在会议上说："好了，你们昨天有没有遇到过什么好故事，来分享一下吧。"

一位客房管家开口发言："有一个小女孩和妈妈一起住在我们酒店里。我发现昨天是这个女孩的生日，所以我昨天在上班途中专门给她买了个小娃娃，她高兴极了。"

"哇，真的吗？"我惊叹道。在场其他人也开始鼓掌。"这真的太棒了！首先，我会报销你买娃娃花的钱。其次，我们有一项你可能没听说过的传统，叫'闪电奖励'。如果哪个团队里的员工做了一件很优秀的事，我们会直接奖励50美元。你的奖金马上就会到账！"

另一名客房管家（一名缅甸移民）注意到，她负责的一位长住客人的某品牌牙膏快用完了。她把这件事告诉了我，并问："我能给客人再买一支新的吗？"

如果想成为行业领导
者，就必须不断强化
自己的竞争优势

"当然可以，"我说，"你拿着这些钱，现在就去隔壁的化妆品店买一支。"

正是这样的服务态度，才能把那些对我们满意的客户转化为忠诚客户。客人会感受到有人在关注自己，有人在揣摩并满足自己的需求与愿望，这便是第 15 条服务准则的实例。这可以让我们的优质服务更上一层楼（实现个性化服务）。

同时，这也能让我们的员工精力充沛，干劲十足。员工虽然是一台大机器上的小齿轮，但他们能够借助自己的创造力，让公司变得更好、更强。

持续改进

员工之间的互动、交谈、互帮互助越多，运营工作就会越顺利。这其实是在提升我们的工作效率（前文提过的第四大目标）。我们在亚特兰大市巴克黑德区开的第一家丽思卡尔顿酒店中，每天下午都供应茶水。当地女性喜欢这种能与朋友相聚交谈、一边欣赏钢琴、一边品茶的格调氛围，漂亮精致的威奇伍德陶瓷茶杯与茶壶让她们爱不释手。我知道这项活动不可能为酒店盈利（一杯茶的成本为 100 美元），但每天的下午茶衬托出了高贵典雅的酒店形象。

然而，有一个小问题。不断有人投诉说茶水不够热。

（这便是所谓的产品缺陷。）当然，我们的服务生会为每一位提出抱怨的客人换上更热的茶。但这样的补偿增加了金钱与时间成本，还会让服务生没办法及时服务其他客人。此外，每一位喝到冷茶的女士都会向朋友再宣传一遍，这大大影响了我费心树立的酒店口碑。

我本可以直接把餐饮经理叫过来训斥一顿："你怎么搞的，别再让客人喝到冷茶了！"他可能回头就对手下大喊一通："这种事情简直不可接受！"但这于事无补，只会让每个人都不开心。

我换了一种更高明的做法。在某次站会结束前，我对员工说："我们都想为客人提供高标准的服务，甚至希望能超出客人的预期。那就让我们来审查一下，为什么下午茶总是会冷掉。"

果不其然，大家很快发现了问题：存放茶杯的地方紧挨着制冰机。怪不得每次杯子里的茶都不够热。这个问题很好解决。

而我们在茶壶上遇到了另一个挑战：茶壶的壶嘴总是掉下来。换一个壶嘴要花 200 美元，十分昂贵！于是我又对员工说："这些昂贵的茶壶为什么总是坏掉呢？我们审查一下吧。"

很快，负责洗碗的员工向我们展示了茶壶在传送带上运送的过程：茶壶跟着传送带往前，走到一处开关时，会弹出一根横杆拦住它们。如果传送带上的茶壶刚好是壶嘴朝前，杆子就会啪的一下打到壶嘴。于是，员工设计了一种软橡胶保护套，套在每个即将送洗的茶壶壶嘴上。这样，壶嘴断裂的问题立刻解决了。

无论是酒店经理还是我本人，都绝对无法凭一己之力来解决这些问题，我们必须给员工分析与解决问题的空间。他们也不希望给客人送上冷茶或坏了的茶壶。他们想把自己的工作干好。他们明白要节约金钱，提高效率。因此，只要我们能让员工仔细调查各类流程环节，他们便会找到问题的答案。

如果公司会计在备忘录里写上："我们的成本怎么会这么高！"大多数的管理者可能会回答说："那我们何必要用这些昂贵的威奇伍德陶瓷茶具呢？不如直接买一些便宜货，买几套10美元的茶壶和2美元的茶杯吧。"如此缩减成本会带来什么样的后果呢？会大大降低客人们的体验感，进而让我们的品牌失去竞争力。

优秀的领导者不会这样做。他们会始终努力为客人提供全城最好的下午茶。为此，在发现产品缺陷后，就必须联合员工来寻找真正的解决方案。只有始终致力于实现更高的运营标准，持续不断地寻求改进，才能让组织稳步向前。

驭人者善催逼，领导者善激励

所有组织的领导都本能地把大部分员工当成懒惰的驴子，认为他们需要有人在后面推着才愿意往前，而只有少数员工愿意主动工作。

当然，这些领导可能不会这么直白地说出口，但他们在心里就是这么想的。他们认为，这是管理过程中自然存在的阻力。

谢天谢地，如今我们已经不再被当成奴隶一般对待，奴隶主拿着鞭子边骂边抽。在我们这个时代，提升生产力的方法更为微妙。但我们难道不能再进步一些吗？那些被老板拴在眼皮底下"不得不"工作的员工，和那些发自内心喜欢工作的员工相比，谁会在工作中表现更佳呢？很明显，后者的工作表现会更好。

我们每接纳一名员工加入公司，就要去引导他们主动与公司的整体目标建立联系。如果越来越多的公司员工（无论层级高低）能理解宾客的诉求，并能主动及时满足客人的需要，那么公司的整体发展自然会走向成功，也会让我们的烦恼越来越少。

我的信念

我相信每个人都有两大基本需求：目标、人际交往。我们并非注定要在生活中盲目地挣扎。我们天生就想完成一些有价值的事。无论是画一幅画，还是搭建工坊，抑或是飞往月球，我们都希望能在某些领域有所成就，这样当我们回顾往事时可以骄傲地说："那件事是我做的。"而在寻求目标的途中，我们会与其他人建立人际关系。我们都想与人交往，希望能和别人交谈，被人倾听，与人互动，收获新的观点，帮助他人，当然，还希望能去爱别人。

每一个商界管理者都需要完成的一项任务，就是要认清这两种需求的客观存在，并把它们与自己的业务运营联系起来。我喜欢梅雷迪思公司（Meredith Corporation，旗下出版过众多国际刊物）前总裁詹姆斯·奥特里（James Autry）在一本书中写过的话：

> 商业与艺术或科学一样，需要人们凭借智慧与想象力去揭示其中的奥秘，去孕育构思其中的原理。并且，人们的智慧与想象力深深影响着商企的兴衰。事实上，商业的本质不在于做生意，而在于人。

> 有人的地方才能有商业存在，而其存在的目的也是满足人的需要。这个看似简单的道理适用于所有的商业领域，但能真正理解它的商界人士并不多。

> 如果你来自另一个星球，那当各种经济预测、指标、比重、比率……如此种种摆在你面前时，你可能真的会相信有"无形的手"在市场中发挥作用。

> 人们总是会忘记这些指标数据所描述的对象是什么。无论是生产率还是工资额度，各种数据只是人们设计出来的工具而已，用来衡量其他人的工作成果。对于管理者来说，最重要的工作不是测算数据，而是激励人心，你不能试图去激励冷冰冰的数字。

这最后一句话值得特别强调。我们是在领导商企与组织，决不能迷失在数字游戏中！我们身处于人的游戏中，要与客户打交道，与员工打交道，与同事、股东和所有其他人打交道，为的是让我们的产出效益最大化。

如果你不相信人类对于目标和人际交往的需求，你就会成为一名冷漠无情的剥削者。你生命中的每一天、每一周、每一个月乃至每一年，都将充斥着一场接一场的权力角斗，为了自己的利益，你会抓住一切机会去压榨人才，盘剥财富。人们很快就会不再信任你。他们一次次丧失了绽放才能、实现卓越的机会。他们的内心逐渐失去活力，或许会选择逃离，寻找一处健康向上的环境。

我甚至可以给出这样的论断：驭人者善催逼，领导者善激励。如果你只会推赶、监视或斥责自己的员工，那你就不算一名领导者。你要停下脚步扪心自问，要如何改变自己才能给员工以激励与启迪。

不要只会打鸡血

然而，就算想激励员工积极地对待自己的工作，也不代表要使用一些过火的激进说辞或委婉说法。事实上，这类措辞通常情况下会反而对我们不利，让员工产生厌恶的情绪。

以下是当今组织常用的几种行话。

- **"我们是一个团队！"** 如果团队成员都能为了一个共同的目标团结一致，这种说法自然很棒。人们组成橄榄球队，不是为了能穿上队服和彼此击掌。一支橄榄球队的最终目的是冲过得分线，尽力让自己攻入得分区的次数比对手更多。为了实现这一目标，球队中的每个成员都要扮演好自己的角色。同时，纪律规则是团队的基石。球队必须在指定的时间参与训练，必须牢记赛场战术，必须按照教练的指示行动。

  如今的老板，只会轻率地甩出一段"团队演讲"，却不懂得设立基本的目标，或是提出能被大家接受的发展预期，那这样的"演讲"基本是在白费口舌。

  你有没有想过人们为何会选择退休？大多数情况下，是因为他们在岗位上工作了一辈子，却丝毫没有感受到自己努力的价值或贡献。他们每天花时间上班，仅仅是为了完成那

么一小摊工作。所以，他们才会急于从自己的
工作框架中挣脱出来。

- **"你们都是合作伙伴！"** "合作伙伴"成了"员工"一词的新称谓。而我的问题是："你们的合作目标是什么？"员工真的能感受到自己与集体的纽带关系吗？能感受到自己正与其他人一起为某一事业或目标奋斗吗？如果他们感受不到，那给员工加上再多花哨的称谓也无济于事。

  我曾无数次到这样的公司里担任顾问，公司里每个人互称"合作伙伴"。我随便找个人问："你们这个公司的目标是什么？你们合作的方向是什么呢？"却只能看到对方眼中的茫然。对于我的问题，他们给不出任何清晰明确的反馈。他们对这些事情一无所知。

- **"我们是一家人！"** "家庭"是一个十分珍贵、蕴含着深厚情感的词语。它能让人联想到爱、安全、关怀、保护、富足、身份认同和家族传承等。即使一个人的原生家庭并不完美，他也会在心中对理想的家庭有所构想。

  工作单位若想成为员工的"家庭"，就必

须用崇高的标准要求自身。这意味着要让员工真心关爱彼此，关注彼此的利益，施展彼此的才能，并彼此信任。在这一切成为现实之前，公司都不该以"家庭"自居。能组织夏日野餐和圣诞派对的公司，可以说在营造归属感方面有所进步。这是一个好的开始，但想真正营造出"家庭"般的工作环境，还有很长的路要走。

- **"我们要团结一致！"** 公司领导经常喊出这一口号。但当我坐在他们身边时，他们甚至说不出"团结一致"是什么意思。"团结一致"并不意味着员工整齐划一地站成一排。我曾见过这样的团队，我给员工 7 分钟时间来写出自己公司的奋斗目标与动力，他们的答案五花八门。这简直堪称可悲。

  在一个真正团结一致的集体中，就连刚刚入职的员工也应该知道公司的目标与动机。他们清楚公司的前进方向，深知公司的价值观对自己的意义。他们了解客户的期待，并且知道在遇到各种情况时该如何应对。

- **"我们要赋权给员工！"** 这一条承诺满足了每个

人内心深处的诉求。没有人喜欢手中无权的感觉；人们都希望有改变世界的能力。员工希望能发挥自己的聪明才智，并不仅仅是贡献体力。他们希望组织能信任他们，相信他们能为组织的利益而行动。但是，如果他们连 10 美分的公款支出都要写报告来报备用途，那他们肯定觉得自己的权力太少。他们能感受到组织对员工决策的不信任。这会让他们觉得自己并非企业进步的推动者，而只是车轮上的小零件。

- **"我们实行开放式管理！"** 表面上看，这意味着员工可以随时去找老板谈论任何话题，不需要对老板阿谀奉承，可以有话直说。但在大多数的公司中，员工不敢提出太尖锐的意见，他们担心会被人报复。或许他们听说了上一个检举者的遭遇，觉得最好还是管好自己的嘴。老板的门的确开着，但没几个人有勇气去让老板不爽。

  著名的电视真人秀《卧底老板》（*Undercover Boss*）之所以广受欢迎，就是因为节目中的老板走出自己的小办公室，到一线销售或工作现场了解真实的情况。在这些场合里，员工会无意间说出很多憋在心里的话。难怪观众对这一节目喜爱有加，很多人肯定也希望自己能如此坦率地与上司对话。

- **"我们公司是 B2B 型公司！"** 没错，但向你公司购买产品或服务的客户公司，也是由有思想、有感情的人组成的，这些人有自己的喜好和厌恶、感受和观点、心愿与志向，他们决定了你能否与他们公司做生意。举个例子，假如你公司生产的半导体芯片要卖给惠普、戴尔或东芝，那么你涉及的工作就不仅仅是在无菌室里与硅材料打交道。芯片并不会与电脑主板交谈，你公司生产的芯片要卖给另一家公司的人，他们再把芯片用到终端产品上，供市场上其他人选购，从而把产品带到人们的家中或公司中。

  所谓商业，其实是这种多层次人际交往的概括，用再多的术语也不能掩盖这一本质。

领导者必须深思熟虑地选择自己的用词，而不能满嘴都是愚蠢的口号。否则，员工会觉得你不尊重他们。言语本身或许一文不值，但言外之意弥足珍贵。只要运用得当，一字一句都可以成为组织的黏合剂，让组织真正成为团结而高效的团队。

领导者必须深思熟
虑地选择自己的用
词，而不能满嘴都
是愚蠢的口号

抓住"为什么"

一般来说，员工不会为了别人的目标而奋发图强、努力工作。比如说为了提高公司的年底分红，或者为了让领导在上司面前脸上有光。真正让他们努力的是他们自己的目标。如果他们自己的目标能和组织的目标一致，那自然是双赢的局面。

那么，员工内心深处关心哪些事呢？赚钱谋生自然是他们关心的事情，但除此之外，他们更希望能被人尊重，能体现自己的价值，能够实实在在地体验到完成工作后的"卓越"感。在《哈佛商业评论》上的一篇文章中，哈佛商学院教授克莱顿·克里斯坦森（Clayton Christensen）写道："我们要如何确认自己在事业中是否幸福呢？对此问题，弗雷德里克·赫茨伯格（Frederick Herzberg，半个世纪前一位杰出的商业心理学家）的一条理论很有道理。他曾断言，在人的生活中最大的动力并非金钱，而是学习的机会、责任的增进、对他人的贡献和外界对自己成就的认可。"

克里斯坦森在该文章的结论部分也表达了类似的观点："只要运用得当，那么管理便是最高尚的职业。任何职业都无法像管理一样，能有这么多帮助他人学习与成长的方法，能让人承担责任，并因自己的成就而得到认可，为团队的

成功做出贡献……成功培养他人所带来的深远回报，是任
何交易都无法比拟的。我希望学生离开我的课堂时能记住
这一点。"

当然，金钱对激励员工也很有作用。如果你付给员工
的工时费比你的竞争对手少 50 美分，那你可能就要关门倒
闭了。但金钱不是最重要的影响因素。更重要的是让员工
拥有一个值得为之奋斗的梦想。总之，世界上绝大多数人
希望自己能在某方面出类拔萃。他们只需要一个合适的环
境来实现这一愿望。他们希望作为领导的我们能为他们营
造这样的环境。

在我孩童时期，德国有一位名为威尔海姆·富特文格
勒（Wilhelm Furtwängler）的指挥家，他堪称彼时世界上最
伟大的交响乐指挥家。他手下的柏林爱乐乐团让人称赞不
已。在第二次世界大战期间，他一直留在德国境内，因为
他始终不肯认同纳粹的邪恶理念，让纳粹党头疼不已。他
拒绝像其他人一样行纳粹礼，或是在信件中写上"希特勒
万岁"。纳粹德国本想除掉他，但他的音乐造诣备受尊崇，
让纳粹党不敢对其轻举妄动。

几年后，我在电视上见到一位接受采访的美国音乐家，
他曾在第二次世界大战结束后远赴德国，应聘加入了富特
文格勒的交响乐团。采访中，记者让这位音乐家描述一下

那段经历。

"我记得我到乐团的第一天，"他回答，"当时我站在排练厅的后排研究我的乐谱，准备在下一组的排练中上场。但我无法集中注意力。我感觉耳边的音乐是我从来没听过的那种。我原本以为世间不可能有如此水准的音乐。它让我内心震颤。我仔细看了看，才发现原来指挥排练的人不是乐团助理，而是富特文格勒本人。"

这名美国音乐家千里迢迢从美国赶赴德国，并非为了一纸薪水支票，是追求卓越的激情让他远渡重洋。

伟大的领导者会心怀伟大的愿景，并且他们永远不会因梦想而将就妥协。但这样的"不妥协"其实并不会吓退真正追随他的人。的确，领导者的追随者或许有时会垂头丧气，觉得很难让领导者满意，但他们确信，一切努力都是值得的。他们也和领导者一样，希望成为最优秀的人，他们也希望自己的家人与朋友能因此而崇拜自己。

找对发力点

有时候，要激励一个人走向卓越是一件很熬心费力的事情，因为每个人的特点与性格迥异。我记得当我第一次在芝加哥凯悦酒店担任部门领导时，我手下有一名餐厅经理助理。他是个很精明的年轻人，但他的工作总是让我不够满意。当时经验尚少的我，言辞激烈地训斥过他。我们在我的办公室里吵过不止一次。终于有一天，我在员工会议上对我的同事说："我决定让他离开我的部门了。"

"真的吗？"客房部经理说，"你介意我把他换到我们部门吗？我觉得他在酒店前台肯定会很出色。"

"你愿意的话就按你说的办吧，"我回答，"我只是觉得他不适合我们这里的工作。"

然而，事实证明，那个年轻人在新岗位上表现得非常出色。我忍不住扪心自问：我哪里做错了呢？其实是我逼他逼得太紧了，没有察觉到他其实需要更温和一些的沟通方式。只要换一种管理方式，他便会脱颖而出。事实上，那个年轻人后来在酒店行业步步高升。

我当初本该悄悄把他拉到一边，问他："昨天那件事你怎么看？这种事是否符合我们'以绅士淑女的态度为绅士淑女们忠诚服务'的座右铭呢？这次活动能否达到更好的效果呢？"如今看来，我相信他完全可以给出很棒的答案。

詹姆斯·奥特里说得好："优秀的管理在于'爱'。或者如果你不习惯这个字眼，或者可以把它换成'关怀'，因为好的管理是去关怀他人，而不是操纵他们。"

付出终有回报

流年似水，每当我见到身边的员工像那个年轻人一样表现优异时，我都会非常欣慰，无论我是否给过他们恰当的激励。看到以前的员工如今都在酒店行业中担任了各种重要职位，我感到非常满足。

不久前，我参加了印度尼西亚巴厘岛一家酒店的开业仪式。这家酒店曾是丽思卡尔顿的连锁店之一，而酒店现在的所有者把嘉佩乐酒店集团请过来接管酒店。当时的仪式规模盛大，有数百位知名人士出席现场，其中包括政治家、当地镇长、旅游业人士等。在现场，我应邀做了一小段演讲，介绍我们对这座酒店未来的期许。

演讲过后，我看到一名害羞的印度尼西亚年轻人在旁边等着我下场。"舒尔茨先生，您现在有空吗？我知道您很忙。"

"没事，你说吧。"我回答。

"舒尔茨先生，当年这家丽思卡尔顿开业时，我是这里的宴会服务生。"他说，"当时我站在后排，认真地听了您的入职培训演讲。在您离开后，我把您当时的演示挂图拿了下来，回到家里仔细研究上面的内容。我能把您说的每一个字都背下来。如今，我在乌布（巴厘岛最著名的旅游地之一）的一家酒店担任了总经理，就是山顶的那家。我只是想跟您说句'谢谢'。"

这一刻我感到无比满足。他的话甚至让我开心了一整年，也让我回想起在我年少时我的第一位领班师父曾如何教导我要关怀客人。这是历史的重演。泽特勒先生从来不会把注意力只放在客人的数量或支票的金额上。他让我懂得，不要只关注美元，更重要的是关注能带来美元的事情。

我每次进行入职培训时，都会祈祷台下至少有一个员工能"理解真谛"，能在心中消化体会我说过的内容，并在未来把这些内容付诸实践。如此看来，上天已经回应了我的祷告。

激励员工是一个组织成功的关键。有的时候，我们能收获到远超想象的成果。

第 10 章

跨越管理层与员工之间的鸿沟

我在前面章节中讲到过，领导者与员工可以为了共同的愿景团结起来一起努力，你们中肯定有人对此持怀疑态度。"你的理论不错，霍斯特，"你们可能会这样想，"但在我工作的地方行不通。领导与员工是截然不同的两种人。"

员工常常会向公司提出一些要求（比如提高薪资、增加假期、提升福利待遇等），而公司的管理者则认为这些要求会触碰公司的底线。双方的这一矛盾曾导致太多恶性的后果，冲突和怨言也因此源源不断。20 世纪初（甚至更早），工会制度的兴起，便证明了双方之间矛盾的存在。即使在

淡淡的礼貌之下

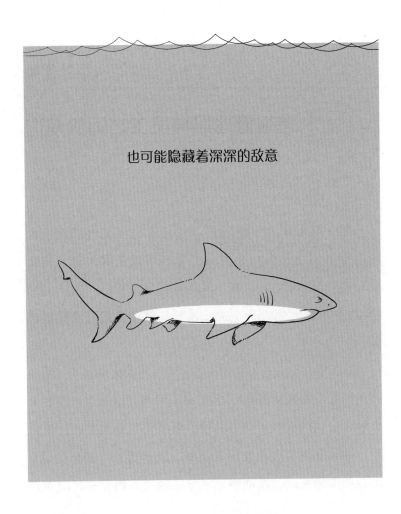

也可能隐藏着深深的敌意

没有工会的公司，员工与领导之间淡淡的礼貌之下，也可能隐藏着深深的敌意。

难道一定要如此吗？

归属之地

我与工会打交道有几十年之久，尤其是与 HERE[⊖]打交道。对于工会为何能兴旺发展，我思考过很长时间。后来我发现，工会之所以能发展壮大，是因为雇主有时没能营建一个符合员工共同利益的员工社群，而工会恰恰能做到这一点。普通员工会觉得："我在这个群体中能找到认同感，他们关心我，而我感觉我的老板就对我没那么关心。"这样的联合工会能填补员工的情感空白。

尤其要注意工会名称中的"联合"一词，它表达出了工会与成员之间团结、情义的共性认同。那些规模数一数二的工会中，有一些自称国际电气工人兄弟会（IBEW）或汽车工人联合会（UAW），它们也是借助会名中的"兄弟""联合"等字眼唤起人们心中类似的情感。

⊖　HERE（Hotel Employees and Restaurant Employees International Union），国际酒店与餐饮员工工会。如今这一组织已并入更大的 UNITE HERE 工会。

这说明人们都希望自己是某个集体中的一分子。如果没能让员工感觉自己是组织愿景中的一分子，那他们自然会投向工会的怀抱，努力争取劳动者的权益与福利。

我记得之前曾接管过一家位于纽约市的酒店。纽约市的工会活动一向十分活跃。当时那家酒店的情况不算好，而且我的首次员工问卷调查显示，员工的工作满意率仅有50%多一点。在这种工作满意度之下，顾客体验自然也不会太好，顾客满意度刚过60%。

当时，我聘请的那位总经理很优秀，他主动创新思维模式，邀请所有员工一起设想酒店的未来发展。他让大家想一想，在竞争激烈的纽约市场，如何才能使服务跃升至一流水准，如何才能让酒店美名远扬。

两年后，员工工作满意度达到了90%，顾客满意度也到了92%。与此同时，员工的集体聘用合同也到了该续签的时候。酒店中的员工都坚持要把我们的"员工信条"和24条服务准则（参见第8章）列入新版合同内容。他们说：我们就是这样的人。在我们的酒店就该这样做事。我们希望把这些准则的具体内容写入续签的合同中。

在工会的另一处大本营——旧金山，我们的新酒店开业时没有与工会签署合约，工会纠察成员很快便找上门来。整整三年，他们时常到我们酒店大楼前游行，对我们的酒店施压，要求员工投票来决定是否加入工会。而我们酒店的员工拒绝了他们。他们觉得自己并不需要工会。

这并不是因为我们付给员工的薪酬比城里其他加入了工会的酒店更高，我们的工资其实跟其他酒店差不多。真正的原因是员工内心存在归属感，他们身处这个集体，已经足够让他们感到自豪了。

善于"合作"

我遇到过最强硬的抵抗是在匹兹堡（美国钢铁工人联合会的发源地）。当时凯悦酒店收购了老旧的霍华德约翰逊酒店，让我去完成交接工作。那家酒店的每晚平均入住率不到30%。我至今还记得那是 6 月的一个星期一，天气很暖和，我第一次来到那家酒店的门口，就听见一个门卫对我喊："嘿，来这边！"

我走过去，看到他的工牌上写着：吉姆。

"你知道我是在这儿干什么的吗？"他问我。

"知道，你是门卫，负责迎接客人。"我回答。

于是他张开右手，向我展示他手里的东西：一捆硬币！这完全出乎我的意料。"我手里一直攥着这东西，"他解释说，"这样如果需要给谁的脸上来一拳，我就能直接打碎他的下巴！"

我用力咽了咽口水。"有意思，"我说，"我还真没想过有这种用途。"

但就在那一刻，我发现酒店给吉姆发放的制服上有两三处破洞。我在心里自言自语：酒店给他的制服上都破了洞，那我还能指望他做得好到哪儿去呢？

我还记得，那天我们两个讲话时，吉姆说了这么一句话："听着，如果你和我们好好合作，你就不会有事。"

"这个嘛，"我回答，"你我来到这里的原因没什么不同，都是为了干好工作。那就让我们一起好好合作，为了这所酒店的所有者，为了酒店的客人，也为了每一个员工，让我们把工作做好做漂亮吧。"在离开时我对自己保证，总有一天吉姆见到我时会立正站好。

几个小时后，我的新秘书来到我的办公室，紧张兮兮地说工会要来见我。果然，后面来了一行五人，个个面色冷峻。一行人中的领导是一个叫沃尔特的魁梧汉子，是当地工会的副主席。他故意把自己的椅子转过去，背对着我。一切就像是电影中的场景。

沃尔特一开口就定下了我们交谈的基调，他对旁边的人说："你问他有没有见过汽车爆炸。"

还没等那个人传话，我就回答说："没有，我没见过。"

"我是说有没有见过还坐着人的车子爆炸。"沃尔特强调。显而易见,他们在威胁我的人身安全。

接下来的会谈中,他们抛出了一连串令人不安的警告:"你最好照顾好我们的人……你最好尊重我们……劝你好好善待我们的人。"

那一年从夏天到秋天,我一直在和沃尔特打交道。每天下午 1 点钟,他都会准时冲进坐满了秘书的酒店办公室,大喊:"那个该死的蠢货在哪儿?"有时他对我的挑衅会升级为咒骂,用粗鄙的言语侮辱我或我的母亲。

一通喊叫之后,他就会冲到我的办公桌前,历数我过去 24 小时犯下的种种过错:"你昨天订立了工作日程表,但没有事先征求员工的意见!现在查尔斯对你给他的排班感到很不满意。你是怎么搞的?"

第二天:"我们的人中有一个今天早上迟到了半个小时,他的主管竟然给了他警告处分!你们怎么敢为了这么一点小事而责罚他!"

第三天:"你们的客房经理给客房管家定下的所谓'激励措施'简直是在侮辱人!你把我们当小孩子吗?"

我一般会尽力解释我们的行为,并进一步阐述我们这些做法的长远作用。他完全听不进去。日复一日,周复一周,沃尔特的唠叨始终没停过。

直到 10 月的某一天，沃尔特没过来。1∶15……1∶30……1∶45，他还是没出现。

我给我的部门主管一个个打电话，问他们："昨天有没有出什么坏事？任何坏事都算。"他们提到了几件小事，但都说没什么大事。

于是我冲出自己的办公室，穿过八个街区直奔工会大厅。我大步走进去，问道："沃尔特在哪儿？"

"他在开会，"接待员说，"他们在开内部会议。"

于是我径直朝会议室的门走去。

"你不能进去！"

我完全没理会他们的阻拦，直接走进了会议室，走向沃尔特坐着的地方。"你今天去哪儿了？"我厉声问他，"我们还有事要办，结果你没出现。你至少应该打个电话给我，为你的缺席而道歉！"

他的脸红了。"你不可以进来！"他大喊。

"听好了，我是认真的，你最好按时来我们酒店，跟我一起为工会会员和酒店员工做事！"说完我就走了。我很高兴，因为我的这一步棋让对方措手不及。

后来有人告诉我，那天我离开会议室后，沃尔特笑着对身边的工会成员说："这个混蛋居然喜欢我过去！"他们谁也不知道为什么他们的恐吓示威对我毫无作用。

冬日里的热咖啡

此番对峙过后，我们和当地工会的关系稍稍缓和了一些，但我们彼此仍心存芥蒂。很快，圣诞节要到了。当时的凯悦酒店有一条规定，那就是在圣诞节假期时送给每位员工一只火鸡。

然而，沃尔特和其他工会领导却毫不领情。"搞什么？你们是想贿赂我们的工会成员吗？"他喊着。短短几分钟后，工会便组织起了一次罢工。员工们在酒店门口转来转去，一边高喊口号，一边举着临时草草制作的标语牌，牌上写着"劳动者遭遇不公"。

并且在出门罢工之前，他们还耍了个小把戏。他们把前台、吧台和餐厅的收银机都按了一遍，让装钱的抽屉弹出来，这样每个路过的客人都可以随手拿走里面的钞票。

那天碰巧是个很寒冷的冬日。我把厨房和餐厅的经理喊过来，对他们说，"快去准备点热苹果酒，再把你们手上的甜面包卷和热咖啡都带上，我们要把这些东西给罢工者送去。"我知道我们必须加快动作，因为当地的电视台记者很快就会抵达现场，他们不会缺席匹兹堡的任何一次罢工活动。

等到采访团队赶到现场时，我和我的团队已经开始行动，给罢工的工会成员们送上了热乎乎的点心。

"你们这是在做什么？"电视台的记者见状后困惑不已，把麦克风递到了我面前。

"这些毕竟都是我们的员工，"我回答，"虽然我们之间有一些误会，让他们临时离开了工作岗位，但他们仍然是这家酒店的重要成员，这一事实不会因为罢工而改变，而且我爱他们。外面这么冷，我想让他们喝点热的，吃点甜的。"

你一定可以想象，当晚新闻播报这段报道时的反响有多好。

局势好转

那次罢工过后，我与工会之间的会面就变得文明多了。沃尔特不再用那些咒骂的字眼称呼我，而只会叫我"德国人"或"德国佬"。两年过去，我与工会相处得非常融洽，我们一起改变了这家酒店的形象。

曾有一位年轻的公关代理在一次业务介绍会结束前对我说："霍斯特，你最近才来这里，我必须告诉你一些事，你永远不可能把这里建成一家好酒店。"我问他："为什么？"他回答说："你还不明白，是吗？这里是小丘区（Hill

District），周围住的都是黑人，你永远无法改变这个客观事实。"听罢，我立刻表示我们不需要他的公关服务了。我与工会也用实际行动证明了他的话是错的。

一天，匹兹堡市为市内各协会举办了一次午餐会，到场的有汽车经销商协会、教育协会、医疗保健协会等协会的高管。这些人都是我们酒店的重要客户，因为他们在举办会议等活动时都会在酒店订房。午餐会上，特别邀请了匹兹堡市长发言。他站起来说："在匹兹堡我们要实现什么样的成功呢？我们必须随时适应新的现实局面，我们必须保持创新，我们要让这座城市涅槃重生。

"我这里说的不只是重建基础设施，我们不能光靠兴建大楼来实现复兴，我们必须实现精神上的复兴。我们要向小丘区的凯悦酒店学习，依照他们的做法去做事。酒店迎来了翻天覆地的新发展，我们也要动起手来，把这座城市建设成人人向往的目的地。"

此时的我正微笑着坐在桌边，听他发言。

没过多久，公司就把我调往位于密歇根州迪尔伯恩的凯悦酒店，店址位于底特律的郊区。当我最后一次见到门卫吉姆时，他开心地跟我打招呼："您好，舒尔茨先生！"我们实现了我们的共同目标，打造了一家一流的、干净的、待人最友善的酒店。我们努力实现卓越，并在每个方面都

159

超越了我们的竞争对手，甚至还与工会打成一片。事实上，工会已经不再是我们的障碍，而是我们成功路上的重要伙伴。

后来我还听说，沃尔特专门给底特律当地的工会主席打电话说："我这边那个德国佬要去你们那儿了，他是个好人，你们一定会合作愉快。"这让我非常欣慰。

追寻幸福

领导与员工之间的关系除了工资标准和工作纪律之外，还有更丰富的内容。几百年前的希腊哲学家亚里士多德曾教导我们："人们赚钱谋生，其实是不得已而为之，而生活中的追求绝非仅是金钱；金钱固然对我们有用，但我们追求的另有他物。"

那这里的"他物"指什么呢？亚里士多德称之为"幸福"，并对其颇费心力地解释了一番。他说，对一些人来说，幸福仅仅意味着愉悦感，这些人希望通过赚取金钱来获得愉悦；对另外一些更有思想的人来说，幸福意味着"荣誉"，他们努力奋斗，是为了更好地完成工作，并且让别人因此而敬佩他们。

我认为，这个道理是职场中上下级关系的核心。员工所渴望的幸福，是满足感和成就感。他们的确需要薪水，但在内心深处，他们希望有底气说自己的工作很出色。他们不想每周都痛苦地熬五六天，只等着周末开心一下。他们希望把幸福感与工作谋生联系在一起。

我这里说的不只是"千禧一代"的年轻人。人们批评"千禧一代"，是因为他们总会问："这件事对我有什么好处？"可是长久以来的人们其实一直有这样的想法。老一辈人也想知道这个问题的答案，想知道自己的奋斗目标和动力，只是不敢问而已。而"千禧一代"会直言不讳，直接询问自己的工作意义何在。

作为领导者，如果我们不能为各个年龄段的员工描绘一个值得为之奋斗的目标，那自然难以避免员工的各种纠纷。

构建真正的领导力

|第 11 章| Excellence
Wins

领导之道是后天培养的技巧

你多少次听别人说过，某个成功的橄榄球四分卫（或是某个州长、牧师、企业家）是"天生的领导者"？

这种话让我想起了莎士比亚写过的一句台词。在《第十二夜》的第二幕中，神经兮兮的反派马伏里奥收到一封来信，他以为这信是他心中爱慕的女子写来的。这封信里写道："有人生来伟大，有人成就伟大，有人被迫伟大。你的好运已经向你伸出手来，赶快提起十二分的精神拥抱它吧。"

那么，一个人的领导力是取决于命运、基因还是天赋？很多人认为领导力是天生的。一个名为 BC Technology

的网站在几年前大胆宣称：

> 领导力是与生俱来的天赋，而非后天培养的
> 结果。你一出生就注定了是否具备领导才能。我
> 们应该在基因组中测定影响领导力的基因，这样
> 就能开发出简单的血液测试，让那些试图领导他
> 人却惨遭失败的人不必再花费无谓的金钱，让他
> 们免于体会失败的痛苦……
>
> 决定领导力的关键因素，在于你性格中的那
> 些核心部分。有些人可以焕发魅力，有些人则无
> 能为力；有些人天生就喜欢勤奋工作，有些人则
> 天性懒惰；有些人浑身上下都散发出自信，有些
> 人则满脸写着自卑。

这种观点恕我不敢苟同。在我认识的领导者中，很多
人（包括我自己）在上任初期都表现平平。若要比拼人气，
这些人从来不会是胜者，他们也不会被票选为最有成功潜
质的人。他们既没有领导者的"外表"，也没有领导者所必
备的气质。

一些能力出众的领导者确实平易近人、善于沟通，但
另一些领导者可能更沉默寡言，做事深思熟虑。他们话不
多，但每句话都值得一听。换句话说，不同领导者的性格

并非完全相同。就拿耶稣所选择的门徒来说，既有桀骜不驯的彼得，也有谨小慎微的多马。耶稣既选择了"善于利用体制"的马太（一名替罗马政府向犹太人收税的税吏），也选择了满腔热血的抗议者——奋锐党西门。

正如苏珊·凯恩（Susan Cain）在她的畅销书《安静：内向性格的竞争力》（*Quiet：The Power of Introverts in a World That Can't*）中所写的："与强势的……领导者形象相反，各大公司成绩斐然的首席执行官多是性格内向之人，如伯利恒钢铁的查尔斯·施瓦布、微软的比尔·盖茨、莎莉集团的布伦达·巴恩斯、德勤会计师事务所的詹姆斯·科普兰。"

每个人无论天赋如何，都可以先鼓起心中的勇气，成为自己的领导者，再去尝试领导他人。具体该如何实现这一点呢？想做到这一点，我们要着眼未来，定下一个能让所有人受益的、有价值的目标，然后弄清楚如何向员工及其他利益相关者传达这一目标的内容。

这样，作为领导者的我们就能随着时间流逝而逐渐成长起来。领导者并非依靠什么黑箱子里的魔法而成功。他们要训练自己去描绘出一个清晰的愿景，并矢志不渝地追求它。诚然，他们不可能一上手就做对每一件事，但他们能从自己的错误中汲取教训，学会在下一次做出更有效的决策。

我偶尔有机会到大学的毕业典礼上发言致辞。每次面对台下身穿学士服、头戴学士帽的毕业生，我会说：

> 或许今天你会情不自禁地觉得自己已经有所成就，你拿到了自己的学位。但请各位闭上眼睛问问自己，5 年后你将身在何方？你是否有一份切实的规划？你的心中是否怀有美好的愿景？该愿景真的值得你为之奋斗吗？还是说你只是想先到处闯荡一番，看看自己会遇上什么事？打个比方，假如你想成为一名电气工程师，你会如何规划？你要不要去攻读研究生？你要经过哪些步骤才能实现自己的目标？20 年后的你回顾人生时，脑海中会想到什么？到时候你会对自己的成就感到自豪，还是只看到迷雾一片？

当然，每次我说完这些都能收获热烈的掌声。有的毕业生甚至等我下台后专门跑到我面前说："讲得真好！"有一所大学里的学生甚至把我的话改编成了一首说唱歌曲，并把歌曲发布到了 YouTube 上。

我认为，领导者其实是梦想家。他们会着眼于那些有价值的目标，而这些目标不仅会让他们自己受益，还会让他们的家人、同事、员工、客户、投资人以及整个社会受益。如果仅仅追求个人的名利得失，那他们很可能会被生活的苦难击败。但如果他们追求的是为这个世界做出一些切实的贡献，那他们就能在未来走得更加长远。

实现愿景需要合理决策

确定了自己的愿景后，就要开始一些实际性的工作：为了实现愿景，你要理性地做出决策。

举个例子，假如我说，"我想要一份美满的婚姻生活，所以我决定要好好爱自己的妻子"，那我就要考虑在这一愿望背后具体意味着什么。这个愿望背后意味着我要关心妻子的需求与期许。我会尽我所能地保护她，让她免受健康或经济上的风险威胁；我会与她一起承担养育子女的辛劳，无论家里家外，我都会赞美肯定她取得的成绩。这样的事情还可以列出很多，而这些都是我"决定要好好爱她"所隐含的内容。

然而，如果我想开一家实力强大的家具连锁店，或是让我的出租车公司达到业界一流，抑或是想创建一个切实可行的扶贫项目，我都要做出一些决策。领导力在很大程度上意味着要做出理性的决策。你要决定好自己一定要完成哪些事，并坚持不懈地为这些事去努力，任何事情都不能阻止你。

以下是我做过的四项决策，这些帮助我实现了我的愿景。你可以根据自己的实际情况来调整其中的内容。

决策一：努力激励他人

员工对我很重要，我要为他们营造良好的工作环境，让他们发自内心地想把工作干好。我要询问他们，而不能对他们发号施令。我要通过激励来让他们完成工作，而不是控制或命令他们。当你成了老板，等级制度的红利会诱使你觉得自己可以随便命令身边的人。你觉得自己手握权力，而且这种感觉很舒服，对吧。如果身边员工做了你不喜欢的事，你就可以开除他们。毕竟你是这里的主角。

的确，这些都是真的。但在这样的思维模式之下，你绝不可能获得最理想的成果。如果你的员工觉得你并不信任他们，觉得你只是在居高临下地监控他们，盯着看他们是否会犯下错误，那你们的生产力将会下降，员工将不再有任何努力的动力。

一个好的组织应该人人充满活力、努力进取而且开心愉快。这需要领导者营造健康向上的组织氛围，激励每个人努力追求卓越。其实如果人人都希望追随你，而不是离你而去，那你的手中会掌握更大的权力。

与此同时，还有另一项决策……

决策二：不要降低要求，勉强将就

在追求愿景时，我永远不会退而求其次。我永远不会为自己找借口，也不会听任身边同事讲出借口。正如我前文所说，"借口"或"解释"毫无意义，它们不会带来任何进步。

有一年冬天，我发现波士顿的酒店1月入住率降到了55%，而我们的预估入住率是68%。我给那里的总经理打了电话。

"出什么事了？"我问，"上个月我们的入住率怎么才55%？"

"这个嘛，你知道的，我们这边最近遭遇了严重的暴风雪，到处都冰天雪地，情况很糟糕。"他已经不再思考如何实现经营目标，他觉得自己的解释已经够了。

"好吧，我直说了，"我回答说，"我给你打电话不是为了听你说天气预报的。我问你，科普利广场酒店的入住率（我们在当地豪华酒店领域的主要竞争对手）是多少？"

"呃，他们的入住水平也不高。"经理回答。

我说："所以，你的意思是他们那里还是有人入住的。我想知道，为什么那些客人没有选择到我们酒店入住。他们总不会在洛根国际机场一下飞机就自言自语地说，'暴风雪来了，我还是去住科普利广场酒店吧'。

"问题的关键在于：如果你今年觉得入住率低无所谓，那我们明年还是会遇到同样的问题。明年的雪可能比今年还大，你要如何应对这一切？我建议你赶紧去宣传一下我们酒店坐落于何处；告诉人们，'现在有机会以折扣价体验豪华酒店'。"

我还告诉他，抓紧时间分析一下这个季度有哪些公司或组织在波士顿开过年会，并准备好明年冬季抓住这批客源。我们可以为愿意预付订金的客人提供房价折扣。就这样，我们最后从其他酒店的手里抢了很多订单！

我给员工发工资，不是为了让他们去想怎么"解释"，而是想让他们给出解决方案。在"9·11"恐怖袭击事件过后的几周里，我发现一些酒店的经理暗自松了一口气，因为即使入住率再低，他们也不用找理由了。毕竟他们手里已经有了完美的借口：现在没人出门了，所有行业都不景气。但这样的思维模式是错误的。

说到生意不景气，没人比休斯敦的商家更有发言权。2017 年 8 月，飓风"哈维"在休斯敦登陆，这个美国的第四大城市遭遇了时速 130 英里的狂风和高达 60 英寸[⊖]的降

　　⊖　1 英寸＝2.54 厘米。

雨量。当地员工被洪水堵在家中，城中道路无法通行，电力中断，数十人溺水身亡。

即使面对这一切，当地一家名为 H-E-B 的连锁杂货店仍然没有中断对客人的服务。在飓风登陆后的 36 小时内，休斯敦当地的 83 家 H-E-B 门店中有 60 家恢复了营业。后来，该连锁店休斯敦分部总裁斯科特·麦克利兰（Scott McClelland）讲述了他们在灾情面前采取的一些非凡举措："最开始我们得知飓风将于下周二登陆时（即 4 天后）……我们就开始向受飓风影响地区运送（瓶装）水和面包，这是人们会最先购买的两种商品。当飓风来临时，没有人会购买冷冻食品，人们只会想买牛奶、面包、水，想买电池、肉罐头和金枪鱼。"

当时很多 H-E-B 超市的货车司机被困在了家里，或在飓风中失去了家园。为此，麦克利兰直接调用直升机，从公司总部圣安东尼奥向休斯敦空运司机。麦克利兰说："当时在我们能力范围内最要紧的事，就是要保证司机队伍人手充足，这样才能把我们的卡车开出去，为大家送货。"（不过他们的直升机航班也中断过一天，因为那天是特朗普总统前来视察的日子，当地实行了空域管制。）

麦克利兰说，他们给宝洁公司和金佰利－克拉克公司打了电话，让它们把装满厕纸和纸巾的货车直接开到商店。

"这些车到一家店就卸下半车的货物,"麦克利兰说,"到下一家再卸下半车。这样就可以无须经过我们的库房,把货物更快地送到一线商店。就这样,我让我们分销链的产能大幅提升。它们可以整车发货,我们会告诉它们把车开去哪些商店;它们也可以在一辆货车上分装两种货物,一半装纸巾,另一半装厕纸。"

麦克利兰在接受采访时还说:"我当时给菲多利公司打电话说……我要乐事薯片、多力多滋玉米片、福托斯薯片。我希望送来的货能品种丰富一些。我不要 Funyons 薯片和 Munchos 薯片,我只要你们手里最畅销的品种。你们送来什么我们都来者不拒,我们会用最快的速度上架销售。"

当时整个公司上下齐心,甚至员工自愿从外地赶到休斯敦地区来帮忙。他们愿意连干 18 个小时,清理店面并重新进货营业,累了就在朋友家的沙发上睡一夜,天亮后便重回岗位。

5 天过后,麦克利兰向总部汇报称:"我们的销售额比去年同期(仅仅)下降了 4%,这一数据还包含那些这几天没开门的店面。我觉得这样的结果还可以。到这个周末,我们的销售额会高于去年同期。说实话,我最不担心的就是我们的销量。

"我在休斯敦到处做广告宣传 H-E-B,因此大家都认识我。所以，每次当我走进店里时，人们都会过来与我拥抱，感谢我们开门营业背后的付出，毕竟街对面那家克罗格超市就一直没开门，街道尽头的沃尔玛也没开门。一位女士刚走进店里就哭出了声，然后抱着我说谢谢我们能开门营业。"

在我看来，这个故事完美地展示了一个人和一家公司在实现服务愿景时的所作所为，而他们从不找借口去解释那些所谓的"做不到的事"。

决策三：不要让任何事扰乱你的愿景

即使公司会发展壮大，内部结构会愈加复杂，我也不会让这一切扰乱我的愿景。随着组织的规模变大，它的内部结构也会越来越复杂。你的员工越多，手下设立的部门就会越多，而这一切都容易让你忽视了自己的愿景。假如某一天组织内出了件坏事，经理就会定下一条规章，防止这种事情再次发生。下个月又出了另一件事，又要订下另一条规章。很快，你的规章手册就得有 400 页那么厚。

这便是所谓的官僚主义。人们都担心会违反规章制度，组织的发展就会变慢，大家的创造力也就此消失。

这样的公司我们能说出几家，它们一开始灵活善变，充满朝气地追逐愿景，而几十年后却变得臃肿而迟钝。公司员工每天工作的动机，最开始还是建立一个伟大的组织，但后来他们的心态退化成了只想保护好自己的利益，只要自己别惹麻烦、别出岔子就好。

与此相反，让我来再提一条作为领导应该做出的决策。

决策四：永远追求进步

我要永远寻找新的进步之道，并提升效率。真正的领导要始终问这些问题："我们能如何改进这一流程？我应该找谁来帮我想个更好的办法？还有，我自己还愿不愿意听取那些与我的设想不同的声音？"就像爱因斯坦曾说过的那样，"如果一个想法起初不是荒谬的，那么它就毫无希望"。

在酒店行业从业多年，我很早就习惯在感恩节假期后的第二天开一次员工小会，问他们："客人们最近都说过什么？我们哪些地方可以做得更好一些？明年我们要调整哪些业务？"每个人都可以发表自己的看法。这样的会议可不光是随便聊聊，我们会把每一条反馈都写进公司计划，并在 12 月底前落实。等圣诞 / 新年的旺季过后，我们会重开一次这样的讨论会。

在一个健康的组织中，有一句惯用语绝不该出现，那就是"我们之前从没这样做过"。创新常常被以传统之名打压和限制。一旦发现了缺陷，就要马上讨论如何解决。我们要一直互相激励：下一次我们还可以做得更好。

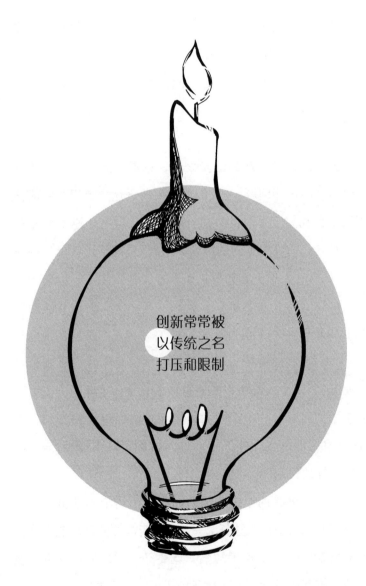

创新常常被
以传统之名
打压和限制

你算得上一名真正的领导吗

具备领导力的人，其心中一定有一个预期的目标，并能带领别人一同实现这一目标。管理者不会这样，他们只会管理工作流程，督促人们完成工作。领导者则会营造出合适的环境，让人们主动为实现目标而努力工作。

在我的职业生涯中，我的下属曾同时管理着 65 家酒店。有一天，我把这 65 家酒店逐一梳理了一遍，最后发现，其中只有 5 位酒店经理堪称真正的领导者，其他 60 位经理都只不过是管理者！这真是个发人深省的结论。

你问我判断的依据是什么？其实我问了他们每个人一个问题：“你的酒店明年会是什么样子？”大多人给我的回答是：“呃，如果我能有个更大一点的舞厅……如果我们能把酒店重新装修一遍……如果这里的员工再提升一点职业道德……”除了借口还是借口。甚至有一两位经理对我说，他们的经营水平可以用“中等偏上”来形容。什么？“中等偏上”的意思就是夹在“好”与“差”之间，比上不足比下有余。

然而，有 5 位经理对我说：“到了明年，我这边社区里的每个人都会爱上我们的酒店！那时情况一定很棒。”这 5 位经理在朝着一个美好的未来而努力，就算他们一路上可能会被坑坑洼洼绊倒，他们也能重拾决心，起身继续朝着远方前进。他们会带领手下员工实现目标。

我把本章中阐述的主要观点，用图 11-1 总结了一下。

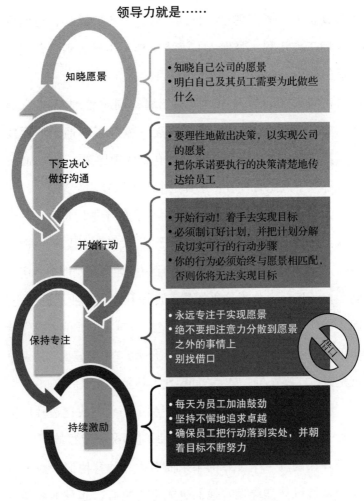

领导力就是……

知晓愿景
- 知晓自己公司的愿景
- 明白自己及其员工需要为此做些什么

下定决心做好沟通
- 要理性地做出决策，以实现公司的愿景
- 把你承诺要执行的决策清楚地传达给员工

开始行动
- 开始行动！着手去实现目标
- 必须制订好计划，并把计划分解成切实可行的行动步骤
- 你的行为必须始终与愿景相匹配，否则你将无法实现目标

保持专注
- 永远专注于实现愿景
- 绝不要把注意力分散到愿景之外的事情上
- 别找借口

持续激励
- 每天为员工加油鼓劲
- 坚持不懈地追求卓越
- 确保员工把行动落到实处，并朝着目标不断努力

图 11-1 嘉佩乐酒店集团领导力模型

- 第一点，知晓愿景。组织的愿景是什么？为了这个愿景我要做哪些事？

- 第二点，理性地做出决策，以实现组织愿景。但你不能把这一切只藏在自己心里，你要与团队中的每一个人都做好沟通，清楚地把你的决策告诉他们。

- 第三点，着手执行计划。制定出切实可行的行动步骤逐步实现愿景，绝不让自己因为其他干扰因素而分心。

- 第四点，保持专注，永远专注于自己的目标。不要找借口，不要做过多解释。

- 第五点，为员工加油鼓劲，激励他们与你一起坚持不懈地追求卓越。

这一切听起来是不是很复杂？确实不容易！或许一开始你并不知道如何完成这一切。也许在学校里你的老师和教员都不曾说你是"天生的领导者"。但如果你下定决心，做出我们上文探讨过的那些重要决策，你一定可以取得成功。你会发现，你也可以很自然地领导别人。

当梦想照进现实时，你会觉得付出的所有努力都是值得的。那时你会发现，你已经把自己打造成了一名领导者，你的领导力会为你带来回报。

愿景宣言的重要性

　　习惯于结果导向的领导者，有时会觉得不断谈论愿景和使命很无聊。他们对那些可爱的小标语很敏感。在一次次马拉松式的小组讨论中，他们坐在那里苦思冥想，希望想出一句或一段能让每个人都满意的口号，于是绞尽脑汁地遣词造句、东拼西凑，搞得整个人筋疲力尽，心里想：我们不能赶紧离开这里回去工作吗？

　　而且，一句愿景宣言又能对现实世界起到什么作用呢？这不就和共和党或民主党每四年提一次的政纲一样吗？政客只会堆砌一些宏远的想法或愿望，而基本没人会认真地看其中的内容，因为大家都知道，总统提名结束后，这些政纲过不了几天就会被忘得一干二净。它们只是一堆无所谓的字句而已。

如果一个组织的宣言只是华丽辞藻的堆砌，那么它的确没有什么意义。实际上，这样的宣言甚至会让员工和社会公众对这个组织产生抵触情绪。就在不久前，一家大型航空公司就经历了这样的情况，因为它们对待旅客的态度和它们"飞向友善天际"的口号完全不符。

何为目的地

如果一家公司能认真起草自己的愿景宣言，那么这条宣言就能成为这家公司的北极星，为公司指引前进的方向。如果你在开车时脑子里没有一个目的地，那么你最后抵达的地方可能不会让你很满意。然而，如果你能提前设定好自己要去的目的地，你就可以满怀期待地朝着它前进。这会让你觉得值得为它花费时间与汽油。

只要你说出"我要去那里"，剩下的一切都会顺理成章。你会把钥匙插进去，启动汽车，拿出地图（可以是纸质的也可以用手机），开始这一段有方向的旅途。

同样，对于一个组织来说，目的地也很重要。你一般会和同事一起商议设定好一个目标，之后会依据这个目标来调整你们的行动。你会向员工展示要如何携手实现这一目标，让他们心中同样的目标激励他们每天早上起床来上班。这样，你们就可以携手进步，共同发展。

当我在凯悦酒店工作时，我第一次提出，要在全公司上下推行"以绅士淑女的态度为绅士淑女们忠诚服务"（源自我早年在德国库尔豪斯酒店的工作经历），但当时没有人认真听取我的建议，一些人甚至觉得这句话很好笑。那时的我资历尚浅，还不能把我的想法推行到全公司，但我至少可以在我管理的那家酒店实行。

我没有给员工发送备忘录或者张贴标语海报，我只是去和手下的员工交谈。我对他们说："听着，你们不是卑微的仆人，你们是为客人服务的绅士和淑女。你们可以在服务方面展现自己的专业水准！如果你们觉得自己只是个仆人，那就意味着你们觉得自己不是专业人士，但你们的身份地位远不仅仅是仆人。

"而那些推开我们大门的人，他们也不是街头混混。我们不能把客人仅仅当成行走的信用卡。他们也是一样的绅士和淑女，他们希望自己能被当成绅士和淑女对待，所以才付钱给我们。不然，他们完全可以去别的地方选一家便宜的旅馆或汽车旅店。我们知道他们的身份，所以才要尊重他们。"

9 年后，当他们让我去创建丽思卡尔顿的运营标准时，我终于可以让员工从上班的第一天就把我的观点放在心里了。"我们尊重每位走进这里的绅士和淑女。并且，我们会像尊重客人一样尊重每一位员工，像对待绅士和淑女一样对待他们。"

有人曾对我说："可是，不是每位客人都会像绅士和淑女一样行事，有的客人真的很惹人讨厌。"

"没错，我知道，"我回答，"但这不是我们该评判或区分的事情。或许客人真的脾气暴躁又喋喋不休，但我们依然要平等地对待他们。这是我们的价值观念，是我们的身份所在。不管怎样，这就是我们。"

我深信，这是我们能在 20 世纪 90 年代成为世界领先酒店品牌的重要原因之一。

文字之外

挂在墙上的标语口号和愿景宣言毫无意义，有用的是信仰体系，是文化。无论是口号还是宣言，都必须能阐释出组织存在的真正意义与组织成员的日常状态。其中最为核心的内容是你们决心打造成什么样的企业。这是刻在骨子里的内容，你必须把这样的核心内容浓缩到几句话中。

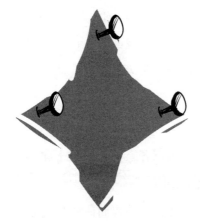

挂在墙上的标语
口号和愿景宣言
毫无意义

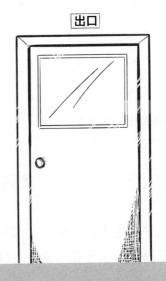

有用的是信仰体
系，是文化

你要时常提醒自己和别人铭记这些话，你要让这些话语刻在你的灵魂之中。在每次会议开始时，在车间、办公室、休息室里放松聊天时，你都要一遍又一遍地重复这些重要的字句。之所以要把这些话挂在嘴边，是因为你和你的员工要在生活中依照这些宣言来行事。

如果某位员工没有按照宣言做事，忘记了最开始定下的行动准则，甚至违背了你们的愿景，那你可能要忍不住去问："怎么了？我还以为比尔和我们是一伙儿的呢，但现在看来并非如此。"

其原因或许是这个员工自己想法有变，也可能是他在生活中碰上了什么别的事，还可能是作为领导者的你没有在员工面前反复强调愿景的内容。在你责备他们表现不佳之前，要先反省一下自己的工作是否到位，有没有强化员工心中的愿景。

此外，不断强化愿景宣言可以让你不断自省。每次我在嘴边说出嘉佩乐酒店集团的服务承诺："满足每位客人的期待"的时候，我都会问一问自己："我们现在做到这一点了吗？这周的运营有没有实现这一承诺呢？"当我说出那句"要让员工感受到尊重与赋能，让他们在一个充满归属感与目标感的环境中工作"时，我就会想：最近我们的工作环境如何？它们有没有保持健康向上的状态？还是状态有所恶化？如果工作环境真的变差了，那我们该做些什么呢？

急流勇进

在艰难的境遇中，愿景宣言能让你稳住心神。当市场陷入动荡，或是当你不得不决定某个员工的去留，你的愿景宣言能够成为你所有行动的依据。你的情绪或许会阴晴不定，时而为市场的动荡而恐惧，时而顾及情谊而优柔寡断。但是，你的愿景宣言永远不会被动摇，这就是我们，这就是我们的文化，因此，我必须……

管理者时常会抱怨说"做决定太难了"。然而，大多数情况下，只要组织有一个明确的宗旨目标，就不会难以做出决定。你知道你所设下的目标是正确的，可以让所有人受益，之后你就可以遵照愿景来规范自己的一举一动。

的确，这一过程有时很痛苦。你会在夜里辗转反侧，担心自己的抉择会给别人的事业、家庭与子女带来一系列影响。但你清楚自己的愿景宣言要求自己该如何行事，而且一旦你决定承诺忠诚于自己的愿景，接下来的决策自然可以拨云见日。

我曾在某公司的董事会任职，该董事会在每次会议开始时，都会先关注各类季度数据和运营细节。每次会议开始前，桌子上都摆好了各种报告文件。几次会议下来，我终于忍不住提出："等一下，我们应该先读一读公司的愿景和价值观。如果我们不能专注于实现愿景，那再怎么翻看报告也没用。"

大家同意了我的话。从那天起，每次董事会议的第一项议程，便是大声朗读集团的愿景。这可以为接下来的讨论奠定基调。

我还曾在另一家董事会——美国癌症治疗中心董事会中任职，它对愿景的关注度更高。每次董事会议上，都会请一位患者到现场做分享，有时还会连带着患者的配偶或其他监护人，他们会从自己的角度介绍对我们服务的感受，说说患者的治疗情况，讲一讲我们哪些地方做得比较好，哪些地方还有待提高。如果有必要，我们会专门用飞机把患者从其他城市接过来。这样的环节让董事会始终铭记自己的使命。当时的董事会主席最喜欢一次次地询问："我们还有没有可以做得更好的地方？我很感谢你们的赞美，但这些赞美不能让我们进步，我想知道我们在哪些方面还可以有所提高。"

组织举行董事会议乃至其他每一次会议的原因，都是关注组织的愿景，实现组织的使命。我们的愿景会一直提醒我们不能忘记初心，要沿着既定的方向前进。我们绝对不能允许自己走入歧途。

| 第 13 章 | Excellence Wins

只会"凭感觉"的领导不是好领导

有时一些组织的领导会懒得给组织安排正式的经营效能评估，尤其是不愿支付昂贵的评估研究经费。他们对此的解释多半都是老生常谈：

- "我们今年太忙了，明年再说吧。"
- "这太贵了。"
- "那些评估机构就是为了多赚你一点钱。"
- "我怎么知道他们的结果是否客观准确呢。"
- "看我们的利润表就够用了。"

对于我来说，想在不做评估研究的情况下领导一个组织,就仿佛是在一片没有场地标记的橄榄球场上指挥球赛。你怎么知道自己离得分还差多远?你要如何确定远投得分的时机?你只能凭空猜测。

了解一家公司的经营现状十分必要。评估工作能让我们知道自己的想象与现实之间有多大的差距。我有没有设定业务发展的具体目标?我有没有决心在市场竞争中取得领先?我是不是要立志成为行业中的"第一名"?如果不去评估现状,我就没办法知道需要弥补哪些差距,也就不知道我要努力提高哪些方面。

一些人认为经营评估是老板用来控制下属的工具,是一场"找茬"的游戏,是一套旨在让员工"出丑"的方案。并非如此,这些完全不是评估工作的目的。"检查"和"评估"是两个不同的概念。"检查"指肩窥别人,试图发现对方的失误与漏洞;"评估"则意味着要进行抽样调查,判断你和组织内的成员有没有实现你们的宏观愿景,如果尚未实现,那要如何更接近目标。

只靠"直觉"的领导不是好领导

凭感觉行事是很多企业家的做事风格。他们在创业之初大多会依靠"直觉"。是"直觉"让他们发现商机,发现市场上的产品或服务空白，从而吸引客户的关注。

当然，这种方法不算坏。《时代周刊》曾刊载过一篇题为《慧眼识金的男人》专题报道，介绍了传奇电视节目制片人弗雷德·西尔弗曼（Fred Silverman），他是《史酷比》（*Scooby-Doo*）、《花飞满城春》（*All in the Family*）、《华生一家》（*The Waltons*）和迷你剧《根》（*Roots*）的出品人。我们很敬佩那些具有远见卓识者，他们像是天生能够在各自领域有所成就。

但曾经的灵光一现，现在又如何呢？这些人当初的天才聪慧，到如今还能否让他们创造出从前的成果呢？未来还会继续这样做吗？

对于企业家来说，只有"灵光一现"和"直觉使然"是远远不够的。

仅靠财务报表是不够的

企业的税后收入数据的确很重要，每一位管理者都该对此高度关注。企业的利益相关者（从董事会到华尔街股东）都会密切注意这些数字，他们会去考虑企业盈亏几何。

但就统计数据本身来说，它们只不过是上一季度或上一年的简单总结。等企业完成了数据汇总与发布工作时，这些数字应该已经过时了至少 6 个星期。过往数据上的盈亏，并不能说明你们明天或明年的经营状况，它们无法成为未来经营的指南针。从这个角度而言，这些数据的作用十分有限。

仅靠努力工作是不够的

当我在亚特兰大开设第一家丽思卡尔顿酒店时，我心里有自己的梦想，我能感觉到自己希望开一家什么样的酒店。我每天披星戴月，从早忙到晚。有时候，我会先回家与妻子和女儿们吃晚饭，然后再返回酒店继续工作到夜里 10 点甚至 12 点。每天早上三四点就会醒来，脑子里想的全是 "还有事情等着我处理"，当时的我感到筋疲力尽。

很快我们在亚特兰大开了第二家连锁店。我逼迫自己努力工作，确保所有细节都能面面俱到。但是，我们的第三家连锁酒店马上要在加利福尼亚开业了。怎么办？我不可能再亲手管理这家分店，确保酒店经营顺利。那么我如何才能得知 2000 英里之外真实的运营情况呢？

因此，我必须启动经营评估工作。

仅靠"运气"和"愿望"是不够的

等"运气"降临不是个好办法，而每天只会"凡事往好处想"也没什么用。

有时候，好运会凭空砸到我们身上，让我们突然感觉一切顺风顺水，每个人都喜欢这样的感觉。但我们也都清楚，这样的运气可遇不可求。无论是身处顺境还是逆境，我们都要做好管理工作。

对于日常经营中的每个重要环节，都需要评估考察。在第 10 章中我曾提到过，我们在纽约有一家饱受顾客和员工差评的酒店，而这家店只用了两年的时间就改头换面、焕然一新了。这一切是如何发生的呢？

其实，当时我亲自搬进那家酒店中待了 3 个月，每周只有周末才赶回家与家人团聚。到了这家酒店后，我很快注意到一件事：当我走近礼宾台时，台后的工作人员看都没看我一眼，他的眼睛紧盯着眼前的电脑屏幕。看来客人还不如电子邮件重要，我心想。要是礼宾台的人都对前来咨询的客人熟视无睹，那还不如直接把礼宾台拆掉呢。

我发现，这家酒店的员工每天从不参与酒店内的日常交流，比如每次换班前的列队小会。他们早已忘记了干这一行的关键：服务顾客。他们都忙得不行，你甚至可以说这是"纽约的忙碌感"。

我开始与门卫、行李员和女工们开会交流。从餐饮部谈到采购部,我与每个部门的管理者一一座谈。我记得我问客房部经理:"从 1 到 10,你给自己的部门打几分?"

他想了一下,大胆地说:"10 分。"

"有意思,那我们去客房看看吧。"

他拿上客房钥匙,我们就沿着走廊一间间地检查。我们检查了 6 间左右,并记录下了每间客房的卫生状况,我一路上指出了好几处不足。随后,我们回到了我的办公室。

"现在我再问一遍,"我说,"你给你的部门工作打几分?"

他怯生生地回答:"我觉得 6 分左右吧。"

"你看,"我说,"达到 10 分是很难的。现在我们以 6 分为基础线,告诉我,你打算多久后达到 10 分的水平?为了达到 10 分,你需要我帮你做什么呢?我不是来训斥你的,我是来帮助你。我想参加你们员工的每一次会议,让我来激励你的员工。我会感谢他们的贡献,并且告诉他们,工作可以定义他们是什么样的人。"

于是我们为他制订了一份计划,让他每个月向我汇报一次工作进展:达到 7 分了吗?达到 8 分了吗?达到 9 分了吗?这一措施的效果十分显著。

　　我与其他部门经理也进行了同样的谈话。不到一年，这家酒店的各项经营指标均有上升。我们酒店被《美国新闻与世界报道》（*U.S. News & World Report*）和旅游点评网站猫途鹰网（Tripadvisor）评为"纽约市最佳酒店"。

　　一天我去参加了一次《圣经》晨读会，会上有很多华尔街经纪人，其中一位问我："你们的酒店在什么位置？"

　　"在第五大道的 36 号街和 37 号街之间。"我回答。

　　"噢，就是那家门卫态度非常好的酒店对吧！"他脱口而出。

　　这家酒店拥有了崭新的服务文化，因为员工们都努力想成为最优秀、最友善、最受人喜欢的人。他们一直都想把工作干好，只不过他们之前不知道该从何下手。

评估哪些事

　　现在我们该谈谈最重要的问题了：作为领导，该评估哪些事？

　　我认为只需要评估四五个重点事项，否则你会被无数的细节困在原地，从多久擦一次窗户，到回形针卖多少钱，都成为你要考虑的问题。你将被淹没在无边无际的统计数据之中，找不到方向与尽头。

从我自己的经验来说，以下"三件大事"是我会评估的事项。你也可以根据自己的情况，添加一两项参考价值够高的事项。

1. 顾客满意度 / 忠诚度。对于这个问题，你不能凭空猜测，必须借助定期的问卷调查（纸质问卷或线上调查）来询问顾客的想法。以下这几个问题最具参考价值："您再次光临本店消费的可能性有多大？""您把本店推荐给朋友的可能性有多大？"

对我来说，当总评分低于满分的 90% 时，就必须引起我们的注意了。我会想知道：为什么顾客觉得自己不会再来消费了？问题出在我们身上吗？出现的是我们可以纠正的问题吗？我手下的每一位酒店经理都知道，只要我发现顾客没有勾选问卷最上方的两个得分选项（9 分与 10 分），我就会亲自介入调查原因。我会打电话问："所以我们要如何解决这一问题呢？我们要如何让下个月的得分重回 9 分以上？我们要做些什么？"

2. 员工满意度。员工对工作环境的想法与感受就和顾客满意度一样，对一个组织的健康至关重要。再说一遍，不要以为每个员工都是乐天派，只有那么一两个员工爱抱怨。你必须定期调查员工的想法。如果你只按照几句道听途说的消息做决定，一定会误入歧途。正规科学的问卷评估可以让你知道员工的真实想法。如果有 8 名员工觉得他们的设备不够用，这便是一条重要的信息；如果只有 1 个人这么说，那你就可以先把这件事放放，等见到更多的信息依据时再说。

经过多年的调查分析，我可以负责任地说，员工满意度的调查结果就算只下降 1%，也会对公司的最终效益产生明显的影响。排除其他的因素，员工满意度下降意味着员工流动率将上升。更多的人会带着一身工作经验离开你的公司，而为了顶替他们的位置，你会付出更多的经济成本。

员工满意度评估能让领导者了解现状，并且让一个组织知道如何行动才能保持组织健康。

3. **关键指标**。第三项重要的评估项目则是着眼于未来。这项评估是为了预估半年或一年后的发展状况。到那时，顾客还是会一如既往地选择我们的服务吗？他们的忠诚度是否会有所动摇？到时候，我们的顾客年龄是会更年长还是更年轻，抑或是与现在一样？客人的消费金额是会保持不变还是有所下降？

例如，在酒店业务中我们会关注预订量。比如，后面的 1 月、4 月或 10 月已预订房间的比例与上一年同期相比有何变化？与两年前同期相比呢？这些数据会让我们了解在客户挽留和客户拉新方面的工作成效。

作为领导者，你还要时刻关注宏观经济趋势。我记得我在 1980 年时就注意到了经济衰退的迹象。当时失业人数攀升，通货膨胀率为 12% ～ 13%，而美联储一直试图通过提升利率来拉动就业。那时候我在密歇根州经营迪尔伯恩凯悦酒店，密歇根州到 1982 年秋天失业率已高达 14.5%，领先全美国。

对此有所预感的我召集了一次全体员工大会。从部门经理、厨师、前台接待员到最新来的服务生都参加了大会。我说，"各位，我们明年要迎来经济衰退了。别问我是怎么知道的，我的判断没错，我很肯定。的确，我们现在手中有很多团体预订的订单，有各种会议之类的活动，但客人可能会随时取消，我们要尽力留住每一位可以留住的客人。

"经济衰退意味着什么呢？我们酒店有 5 家餐厅。假设一对夫妇一般每个月出去吃 4 次饭；而到了经济危机期间，他们虽然不至于一次都不出门吃饭，但可能每个月只会来 3 次；这意味着我们的营收会下跌 25%！

"从现在开始，我们每一个人都必须千方百计地留住每一位客人。否则，到了明年的这个时候，你们可能连工作都没有了。这是件很严肃的事情。"

那天，我走出会议室时，听见几名门卫和行李员正小声地聊着什么。当他们看到我时，马上就闭嘴不说了。这有点奇怪。恰好，这几位员工都是非裔，我在心里暗暗猜测：他们肯定是在说我这个白人老板的坏话，他们肯定觉得我是为了催他们干更多活儿。

20世纪80年代初的那次经济衰退让市场饱受打击，但我们成功地存活了下来。事实上，我们那年的经营业绩还很不错，而其他行业都遭遇了裁员之苦。原因何在？因为当时的我们都在尽力让客人继续喜欢我们的酒店。

后来，我离开那里去了另外的岗位。直到25年后，我才再一次回到了迪尔伯恩凯悦酒店。让我没想到的是，两名当年的门卫竟然还在那里工作，而且认出了我。“舒尔茨先生，能与您再见面真是太好了！”他们惊呼道，“我们永远不会忘记经济衰退那年您做过的事。其实，当时听完您的会议，我们还聚在一起讨论了一下要如何让客人满意呢。”

那一刻我的内心充满了自责，觉得自己当初不该那样揣测和误会他们。“我要感谢当初你们和大家做的一切！我们一起挺过来了，对不对？”我说。然后我给我的妻子打了电话：“你还记得迪尔伯恩凯悦酒店吗？你肯定猜不到我今天遇见了谁！”

随时关注经济风向标并快速做出反应，这一点拯救了我们所有人的生活。

仰望星空，志存高远

在我加入丽思卡尔顿的初创项目时，出现了一个全球影响力最大的质量奖项——马尔科姆·波多里奇国家质量奖。这可不是个小噱头，联邦政府的这一奖项旨在表彰那些质量管理一流的美国公司。该奖项以已故的马尔科姆·波多里奇命名，他曾在里根政府长期担任商务部部长。该奖项包括六大类：制造业、服务业、小企业、教育业、医疗保健业和非营利组织。设立该奖项是为了给各行业树立榜样，从而提升美国企业的国际市场竞争力。

既然我想打造全世界最好的酒店，那这个服务业类大奖我应该志在必得才对，没错吧？我们确实曾经荣获过一些奖项，包括《成功会议》（*Successful Meetings*）杂志颁发的"尖峰奖"，以及《旅游＋休闲》（*Travel + Leisure*）杂志颁发的"优秀酒店"的荣誉。事实上，一家会议策划团体曾把我们酒店票选为"美国最佳连锁酒店"。所以，我们几个酒店的高管找了个晚上出去好好吃了一顿，庆贺一番，每个人都自我感觉良好。

唯一的问题是，第二天早上当我打开邮箱时，收到了一大堆客人发来的抱怨与投诉，他们听说丽思卡尔顿要参评马尔科姆·波多里奇国家质量奖，但他们觉得我们根本不够优秀，这让我昨晚的兴奋劲儿一下子消了不少。

那天中午，我和一位名叫罗杰·米利根（Roger Milliken）的老先生一起吃午饭，他是一家纺织品制造公司的董事长兼首席执行官，他的公司曾在 1989 年荣获过制造业类的马尔科姆·波多里奇国家质量奖。"恭喜你，霍斯特，"他说，"你现在拥有美国最好的连锁酒店！"

"好啦，我今早看了一遍我的邮件，"我回答，"如果说我们是什么最好的酒店，我看也不过是矮子里拔将军。"接着我告诉了他发生的一切。

"或许你应该研究一下马尔科姆·波多里奇国家质量奖的评奖标准。"他最后说。他向我解释了这一奖项的评奖标准有多细致、多全面，并让我去联系华盛顿的一个人。

我按他说的去联系了那个人，不久后，商务部评奖标准负责人说可以与我面谈半个小时，我们约在了中午 11：30。他介绍说，他们会深入考察每一家参评单位的运营情况，采访单位内的各级成员，并对这家参评单位的优势与劣势分别打分。我脑子里塞满了各种信息。

到了中午，他问："你有空一起吃个午饭吗？"多年之后他告诉我，当时这样问是因为他看出来我一句话都没听懂，他是在同情我！

我点了点头。于是，他带我去吃午饭，并继续不停向我灌输各种想法。有些观点对我来说是有道理的，但另一些则完全超出了我的理解范围。

"你们如何保证房间卫生？"他问我。

"噢，我有一套专门的系统流程，"我略有得意地回答，"我给每四名客房女工安排了一名检查员，负责检查这四人的工作，而每位部门副经理又负责检查一到两名检查员。"

他打断我说："那要是你根本不需要检查所有人呢？"

"那肯定太好了，我们就能省下很多钱。但我们必须确保没有死角。"

他打了个比方："如果你要检查游泳池的水质，你是要把每一滴水都检查一遍，还是只取一点样本检查呢？"

"只取一份样本。"我回答。

"我的意思是，如果你的流程是正确的，你就不需要面面俱到地检查每一件事。关键在于要让流程与你想要的结果保持一致。"

那天当我离开华盛顿时，我明白了要想真正提升运营质量，自己还有很多需要学习的地方，但我已经摩拳擦掌，跃跃欲试了。在接下来的两年里，我阅读了波多里奇国家质量奖的各类材料，听了相关演讲，并到入围公司和获奖公司去参观学习，包括 USAA（一家保险和金融服务公司）、Graniterock（加利福尼亚州的一家采石场）和 Zytec（明尼苏达州的一家电脑制造商）。截至那时，只有联邦快递一家公司荣获过服务业类的波多里奇国家质量奖。

随后，我在一次丽思卡尔顿总经理会议上阐述了我的梦想，把一些复杂的术语翻译成了更通俗易懂的说法。"以下就是判定一家真正优秀的公司的几项标准"，我说，并展示了下面的列表：

- 领导力；
- 战略规划；
- 以客户和市场为中心；
- 测量、分析与知识管理；
- 人力资源开发；
- 过程管理；
- 经营成果。

"这些标准不能靠凭空猜测，也不是主观臆断，"我说，"评奖方会检查我们工作中的每一个角落，考察我们是否了解客户需求并能满足客户需求。让我们开始干吧。"

长话短说，整个落实过程十分艰辛。举一个例子，我们必须建立一份真实的数据库，来验证我们的客户满意度是否真实，并展示我们的满意度在行业中所处的水平如何。波多里奇国家质量奖的工作人员在正式受理我们的申请前，就已经去采访我们每一家酒店的员工了，一共采访了约2000 人。

最后我们没能获奖。

但我们没有放弃。我们已经在质量管理方面学到了很多，于是继续朝着奖项努力。1992 年，我们终于迎来了胜利，成为那一年获奖的五家公司之一。经过那么多的努力，我们进步了很多。

我们不是为了名誉和荣誉而去参评这一奖项，虽然我不得不承认，能在颁奖典礼上从美国总统手里接过这一荣誉证书确实很棒。我们做这一切是为了能学到一些其他地方学不到的东西。现在按照波多里奇国家质量奖的规定，我们有义务对其他公司敞开大门，与它们分享我们的成功经验。一些知名公司（如迪士尼）都曾表示想采访我们，学习我们的经验。

获得波多里奇国家质量奖的公司，在 5 年内不可以再次参评。5 年期限过后，我对我的团队说："我们再去评一次奖吧。这在服务业类的评奖历史中从无先例，那我们为什么不可以是第一个两度摘得桂冠的公司呢？"

我的首席副总裁对我说："霍斯特，我为你工作了很多年，从当年在凯悦酒店时我们就在一起了。你给我们的压力一直很大，但这次你确实过分了。我们正处于发展期，很多新酒店刚刚开业，我们现在手上的工作太多了。我们正准备走向国际，而你却想再参评一次波多里奇国家质量奖，太过分了，你这是不讲道理。"

我回答："我明白你的意思，埃迪。其实我同意你的观点。但让我问问你，如果我们再参评一次，我们是不是要继续学习更多的内容？"

"是的。"

"我们公司是不是会一点点变好？"

"是的。"

"这是不是对所有投资人都有利？"

"是的。"

"这是不是对我们的员工有利？"

"是的。"

"这是不是对所有人都有利？"

"确实。好吧，我们就这么干吧。"

于是，我们重新投身到竞逐波多里奇国家质量奖的征程中，并且在1999年第二次成功荣获这一奖项。

没错，这一切让我们花了很多钱。我们当初的确可以说："这件事太费钱了，我们自己继续坚持做到最好就可以了。"但这样的话就像是在说："没错，我得了癌症，但手术费太贵了，而且放疗和化疗的花费还会更高，我付不起这些钱。"

逃避现实不能让我们收获成绩

只有认真评估现实状况，调整运营策略，再不断重复这一过程，才能让我们有所收获

那你到底想不想活下去呢？

能不断坚持自我评估的组织，可以及时发现自己的不足，这样就能知道需要调整哪些战略和战术。这样的组织"吃药"，是为了保持组织的健康，所以要当断则断，为所应为。这也算是运营一个组织所必经的痛苦。

有句老话说："不脚踏实地，你就干不出什么名堂。"我的看法是："如果不做好评估工作，势必会一事无成。"逃避现实不能让我们收获成绩。只有认真评估现实状况，调整运营策略，再不断重复这一过程，才能让我们有所收获。无论你有多优秀，都必须不断寻找隐藏的不足，这样才能一步一步地接近卓越。

认真开展评估工作并随时做出调整，并非奢望，这是一名负责任的领导者必须完成的重要工作。

Excellence
Wins │第 14 章│

金钱与热爱

20 世纪 80 年代末 90 年代初，一本名为《做自己喜爱的事，财富自会随之而来》（*Do What You Love, the Money Will Follow*）的书常居畅销榜，经久不衰，销量超过百万册。这本书的作者是一名来自洛杉矶的教师，她离开了教育行业后成为一名成功的商业心理学家。正如封面上的副标题所说，这本书能让你"找对自己的生活方式"（Discovering Your Right Livelihood）。

很明显，这本书主要关注人的内心世界。书中的章节题目有：

- 信仰自己的信仰体系；

- 表达你的独特自我；

- 面对自我时要相信自己很重要。

的确，热爱自己的工作是一件好事。从年轻时开始，我就非常热爱酒店工作，这份热爱让我从早忙到晚，每天乐此不疲。

我曾在一家公司的办公楼里工作。他们给我在电梯旁边的车库里专门留了个停车位，但我一次也没在那里停过车。我会把车停在隔壁的酒店门口，这样我每天就可以有机会穿过大厅……与门卫打招呼……看看早上退房的客人们……然后拐到糕点房买一个蛋糕卷（虽然我根本就不饿）……最后再走到隔壁的办公大楼上班。每天看着酒店中人来人往，我的内心有种温暖的感觉。

然而，准确来说，事实是，做顾客喜爱的事，财富自会随之而来。

只有这样你才能赚到钱；只有这样才能让一个组织保持活力，蓬勃发展。如果大众喜欢你提供的产品与服务，他们自然会愿意为其付费。

如果一个人只是心无旁骛地做自己喜欢的事情，例如，坐在沙发里整天打电子游戏，或是写一些连自己妈妈都看不懂的晦涩诗句，那他们的财富永远不会降临。你的热爱必须能在某个维度上与现实世界接轨。我不是说打电子游戏或写深奥的诗有什么不好，每个人都可以在自己的时间里自由地做这些事，但是，为了能让行为产生实际成效，一个人必须与其他富有活力、满怀情感的人产生联系并保持协调。

我们每个人都必须注意，不要只依照自己的欲望与需求来行动。每个人看待问题的方式都不一样，我们只是"单个样本"，这样的样本容量对商业运营来说太少。顾客（选民、会员、捐赠人，或其他你会使用的称谓）都有自己的欲望与诉求，而且他们愿意为此掏钱。当你能发现公众的需求并努力去满足它们时，其实就是在推动一桩好生意的车轮。

八大关键问题

正如我在本书中已经概述过的一样，要想让自己与顾客的喜好产生联系，需要经过很多步骤。如果我有机会去酒店专业的班级与满怀抱负的学生们交流，并且只给我 50 分钟的时间，那么我会按如下步骤循序渐进地引导他们。

1. **确定你想进入哪个行业**。你真的确定自己想进入酒店行业吗？如果是那样，那么就不要在其他方向上浪费精力了。

2. 确定你要进入这一行业中的哪个市场。 在整个行业流程中，是想做"财务预算"还是"市场交易"？是想深耕中端市场，还是高端市场（也就是我选择的市场）？这些选择都没有绝对的对与错，但你必须想清楚自己想要什么。

3. 关注细分市场中的客户需求。 谁愿意为你提出的价格付费？他们又希望得到什么样的回报？别想当然地觉得你已经知道客户想要什么，你必须去问本人。你要问他们真正需要的是什么，即使他们自己可能也无法表达清楚。还记得我之前举的那个例子吗，有些客人只会说自己"想要家的感觉"。当时我就说过，必须再深挖一下这句话的真正含义。

4. 想一想如何尽可能高效地满足客人的需求。 你需要创建什么样的系统？你如何剔除运营中的缺陷与瑕疵？你如何及时、准时地满足客人的需求？你和你的团队如何让客人感受到被关怀？诸如此类的问题得以解决，就能让对你满意的客户慢慢变成忠诚客户。他们会发现，每次与你做买卖都是一次很不错的体验。他们每次离开时都很开心，他们觉得自己还会再回来，而且可能会多消费一些。他们信任你。

5. **想想要如何为客人提供个性化或定制化的体验**。在如今的商界，这一项业务的价值与日俱增。如果客人想在三明治里夹两片番茄、半根腌黄瓜和一点点芥末，你要怎么办？你是要强迫客人接受固定的菜品搭配，还是让他们可以根据个人喜好来定制食物？个性化定制的同时你又如何保证厨房不会乱成一团？

6. **你打算如何让员工在工作中体会到归属感与认同感**。你要如何激励他们，而非只是命令他们跑东跑西？如果不想好这一点，那么就算系统设计得再完美，对成功也无济于事，甚至会适得其反。

7. **规划一下如何准确地评估自己的发展目标**。你要如何得知自己的客人是否满意？你要如何得知自己的员工是否尽职尽责？有哪些衡量标准值得你持续关注？

8. **最后，我要问你一个问题**：为了你的目标，你愿不愿意全身心地努力奋斗？你愿不愿意坐好掌舵者的位置，尽职尽责？你能不能时刻集中注意力，绝不受其他事物的干扰？你能不能跳出"借口"与"解释"的局限？领导意味着在心中设定一个目标，而不能在原地兜圈子。身为领导者，要对未来的愿景怀有热情，并能带领组织中的其他人携手向前。

还有一件事

然而，以上的这一切不可能发生在真空环境中。你所在的领域，还有其他领导者在进行同样的努力，朝着自己的愿景奋斗。不管你是否承认，你都时刻面临着激烈的竞争。

因此，我才把本章开头那本书的名字改成了：**做顾客喜爱的事，财富自会随之而来。**

我们必须从竞争者中脱颖而出，而做到这一点的秘诀就是把事情做得更好一点，更令人满意一点。我们要追求卓越，精益求精，这与你选择的市场层次关系不大。奔驰公司要追求卓越，而福特公司也一样。如果我在经营一家普通的鞋店，我会想营造出这样一种氛围：客人走进店里，即使这次他们什么都不买，也会在下次想买鞋子时回到这里消费。

当我和同事一起创办丽思卡尔顿时，我们说："我们要将它建成世界上最好的酒店。我们的竞争对手是谁？如今的全球市场中谁是龙头老大？"当时我们得出的三个答案分别是凯悦酒店、希尔顿国际酒店（美国国内酒店除外）和洲际酒店。我们要如何取得成功呢？

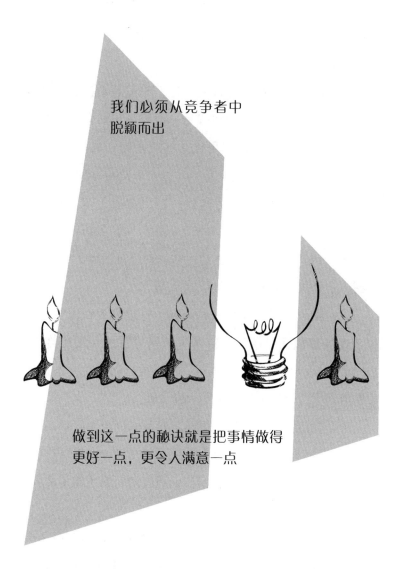

我们必须从竞争者中
脱颖而出

做到这一点的秘诀就是把事情做得
更好一点，更令人满意一点

第三部分　构建真正的领导力

　　我们决心把每一件事都做得比这三家酒店更好。我们要比它们更干净、更友善，并且每次与客人交流时，都能提供更多、更有效的信息。

　　其实，每件事都做到行业最佳，并不等于就实现卓越了。你或许比竞争对手都更优秀，但与真正的卓越可能仍有差距。如果出现了比你更优秀的对手呢？从长远来看，只有时刻保持卓越、精益求精，才是未来发展的保障。

　　引用几百年前一位智者的话："无论做什么事，都要一心一意。"年少时我在德国遇见的人生第一位领班师父，他就让我学到了这种态度。他的一举一动绝对配得上"卓越"一词，这是我一生努力的方向。

　　我记得收到过一位商人的来信。这位商人一次在科罗拉多山区参加完会议后，被恶劣的暴风雪天气堵在路上。当时的州际公路堵得寸步难行，他觉得自己可能赶不上回家的航班了，而这是那天最后一班飞机。

　　于是他给酒店打电话，想看看能不能订个房间睡一晚。当然，这种时候被困在路上的几百号人也和他一样想打电话订房，所以这位商人到处都订不到房间。他还能怎么办，去机场的长椅上睡一夜？

　　绝望之中，他拨通了阿斯彭的丽思卡尔顿酒店服务台的电话，而阿斯彭位于距他西边200多英里的山区，是一处滑雪胜地。"您能帮帮我吗?"他恳求道,"我遇上了大雪,今晚要被困在丹佛了。"这件事中有意思的是,这个商人甚至没有入住过阿斯彭的这家丽思卡尔顿酒店,他参加的会议也并非在那里举行,但他觉得或许(只是或许)这个酒店的服务台能帮他一把。

"没问题,"电话另一头说,"让我看看我能帮上什么忙。"只用了几分钟,电话对面的工作人员就像变戏法一样帮这位商人找到了过夜的房间,而房间并非在丽思卡尔顿,而是在机场附近的一家酒店。

在这位商人送给我的感谢信中,他写道:"我就是觉得,如果说有谁能提供让我满意的服务,那一定非丽思卡尔顿酒店莫属。它们一定会帮助我。"

这便是所谓的精益求精,达到了"卓越服务"的境界。

丹尼尔·韦伯斯特(Daniel Webster,1782—1852)或许是 19 世纪上半叶美国政坛最具影响力的演讲家。他曾先后在参众两院任职,并两度担任国务卿。他年轻时说自己想成为一名律师,但周围的人都不支持他的想法。"如今当律师的人太多了,"人们说,"这一领域已经太过拥挤,发展空间不大,你应该换个方向。"

他摇头拒绝了,并说出了下面这句令人难忘的名言:"即使达到顶峰,也还会有进步空间。"

我们努力想成为最优秀的那一个，想超越竞争对手，而这一切背后的动力在于实现个人价值后的满足感和经济层面的回报。如果我们立志在自己的事业上精益求精，追求卓越，拒绝退而求其次的妥协将就，那么即使要经年累月地努力追寻，即使我们的经济状况陷入低谷，我们也终有一天能实现自己的梦想。如此一来我们就能看清那些商界神话成功背后的本质，并让神话照进自己的现实。我们的愿景终会实现。

余下的故事

　　我很庆幸能有机会在自己的领域中追求卓越，训练出合格的绅士与淑女，并为绅士与淑女服务。从当年那个德国小村庄开始，曾是无名之辈的我有幸到世界各地工作，并得以与一批优秀的人共事。

　　但这一切差点在 1992 年画上句号。

　　当时的丽思卡尔顿如日中天。从亚特兰大到巴厘岛，我们开设了 25 家酒店，另外还准备开 15 家新店，把酒店发展到夏威夷或上海这些独具风情的地方。我们刚刚首次赢得了马尔科姆·波多里奇国家质量奖。在 1991 年的 11 月，我还被《酒店》杂志评为"世界级酒店经理"。

　　一次，在我进行了一年一度的体检后，医生说我患上了结肠平滑肌肉瘤。我震惊不已，因为这是一种很罕见的恶性肿瘤，在癌症病例中的确诊率仅有 1%。"我们会动手术切除肿瘤，"外科医生说，"但一年内肿瘤还会复发。它就像暴风雪一样，随时可能突然出现。"

　　那天晚上，我看着亲爱的妻子雪莉说："怎么会这样！"我们靠在一起祈祷，"神啊，求求你！看在我们孩子的分儿上，放过我吧！他们才 9 岁、5 岁和 18 个月大，等他们长大了，肯定已经完全忘记我了。我再也不能去帮助他们，教育他们。"

　　雪莉身在匹兹堡的父亲那时也正与癌症做斗争，而无论对她的父亲还是对我来说，这些祈祷似乎都没什么作用。她父亲 18 个月后便过世了。

　　我去找了更多的肿瘤专家，每一位专家在看过我的病历后，都给出了同样的诊断。很快我开始声嘶力竭地与上帝讨价还价："你要我做什么都可以，让我为了我的家人活下去吧！"我发现自己连主祷文都很难念出口，尤其是"愿你的意旨成全"这一句。"神啊，请把让我早日康复纳入您的意旨之中吧！"我哀求。

　　至高无上的酒店事业于我而言已不再重要，所有的志愿抱负、战略规划、自我价值、金钱财富和认可赞赏，一瞬间也都与我无关，它们仿佛从此失去了意义。当你的生活遭遇如此巨变时，就更容易投入上帝的怀抱，填补内心的空虚。这让我回想起小时候在德国的坚信礼[⊖]课程中听过的一段经文："祂必用自己的翎毛遮蔽你，你要投靠在祂的翅膀底下。祂的诚实，是大小的盾牌。"我把这两句经文背诵了一遍又一遍。

《新约》中曾描述，耶稣在圣枝主日那天进入耶路撒冷，他和蔼的举止让人们想起了一个预言："看哪，你的王来到你这里，是温柔的，又骑着驴。"这句经文就给了我这样的感受。上帝静静地走进了我的恐惧，直抵中心。

当时的我每周参加一次家庭《圣经》课，课上还有大约30位成员。在我确诊后，有4位《圣经》课的成员说希望能过来为我祈祷，这让向来保守而注重隐私的我感到惊诧。（俗话说得好，"你可以一眼就看出谁是德国人"。）但当时的我已经十分绝望，于是同意了他们的提议。

那晚，他们的祷告深沉而厚重，充满了真切。在他们离开后，我对自己说："我也要成为像他们一样虔诚的人。"

不要害怕

手术如期举行，一切都很成功，但也只是暂时的。到

⊖　一种基督教仪式，根据基督教教义，孩子在13岁时受坚信礼。——译者注

了下一周的星期一，医护人员为我做了全身体检，检查"暴风雪"有没有在其他地方长出来。他们让我星期四再过来取结果。"为什么要这么久？"我暗自好奇。我本来想教育他们服务客户要迅速且及时，但我忍住了内心的冲动。

星期三晚上，我和雪莉跪在客厅的地板上祈祷。我从未感受到自己与她如此亲近，我们祈祷我能早日摆脱病魔。我们为女儿们祈祷，虽然我的两个小女儿还没有完全明白发生了什么，但9岁的大女儿已经意识到自己的爸爸遇上了不好的事。

医生让我每3个月检查一次肉瘤的复发情况，我们都不希望这些检查带来坏消息。

在我们祈祷的过程中，有一位叫约翰·沃森的朋友登门拜访。"呃，"他说，"或许我该告诉你们在你手术前我遇到的一件事。一天我半夜醒来，感觉屋子里有人。那个'人'对我说：'不用为你的朋友霍斯特担心，我还有别的地方需要他。其实，他甚至会代我发言，不光用英语讲，也会用德语讲。'"

这一刻，我们内心的焦虑瞬间缓解了。第二天，我满心期待地回到医生那里听取检查结果。"你身上的癌症现在已经消失了，"他说，"3个月后再回来检查一次，到时候我们再看看情况。"

岁月的裁决

此刻读到这本书的你一定已经猜到，我并没有因癌症去世。我的体检结果从那之后一切正常。我以饱满的精神状态，重新回到丽思卡尔顿的事业以及后来嘉佩乐酒店集团的工作之中。

尽管医生建议我接受化疗，但我拒绝了这一提议。相反，我在接下来的两年里一直坚持服用益生菌，并保持稳定的身体状态。

时光如水，一年又一年过去了。我为商业团体、大学课堂和教堂做了很多的演讲，并且，我不仅在美国演讲，还回到了我的故乡德国。2015 年 11 月，我在巴尔的摩的约翰·霍普金斯大学演讲，当晚，我与几位肿瘤专家共进晚餐，碰巧聊到了我摆脱癌症病魔的故事。

"什么癌症？"他们好奇地问。我把我的病症名称告诉了他们，并稍微描述了一下我的病情。

"霍斯特，你得的不可能是那种癌症，"其中一位专家直截了当地说，"不然你现在不可能还活得好好的，你应该早就去世了。"

"听着，"我坚持说，"我当时在全国找遍了最好的专家，他们都给出了相同的诊断。"

"可是20多年前的诊断不如今天这么仔细，"对方回答，"你得的绝对不可能是那种癌症，我们敢打包票。"他们问我当时在哪儿做的检查。

"在亚特兰大的皮埃蒙特医院。"我说。

"那家医院不错，"一个人说，"他们可能还有你的病例片子，我想看看。"

于是，我回家后给那家医院的总裁打了电话，我跟他很熟，他说他会去翻一翻档案。后来，我的病历资料被送来了巴尔的摩。

两周后，我接到一位肿瘤专家的电话，而那天他在餐桌上怀疑过我的病历。"下次你过来时，我想再见你一面，"他说，"我从来没见过有人能于这种癌症中幸存。"

我只能说是上帝听到了我、我的妻子和我们朋友绝望的祷告。我们对上帝说，"请与我们同在"，而上帝真的对我们有所回应。

这些年来，我还一直与当年为我祈祷的那些人保持联系。实际上，我还参加了一个新的每周《圣经》学习小组，由一位名为肯·博的圣经学者做讲解。每逢周日，我们全家人都会在使徒教会的礼拜中收获极为珍贵的力量与领悟。我们每年会在家里举行四次研讨会，用一整天的时间讨论一些精神信仰方面的话题，最多时会有50人前来参加。

上帝的真理是我商业生涯的基石和支柱。每当我与员工、客人、投资者乃至竞争对手打交道时，我都会时刻铭记耶稣对待他人的黄金法则：你们愿意他人怎样待你们，你们也要怎样待他人。

每当我遇到合同条款上的争端，听着意见对立的律师们来回争吵时，我都会想起《新约》中的一段话："应当一无挂虑，只要凡事借着祷告、祈求和感谢，将你们所要的告诉神。神所赐、出人意料的平安，必在基督耶稣里保守你们的心怀意念。"我会尽人事，听天命，相信上帝，而僵局也往往都会趋向缓和。

如今回想，在我罹患癌症之前，我基本只算是一个"星期天基督徒"（Sunday Christian），只在礼拜日敬拜上帝，而癌症让我所有的商业成就瞬间毫无意义。这些成就对我没有任何价值；在我最渴求希望的时刻，虚名于我毫无益处，而我只能在基督的身上找回希望。因此，我发自内心地投向基督的怀抱（寻找希望），并且我的虔诚将永不褪色。说实话，今天的我感谢那场癌症，也庆幸自己从病魔中走了出来。

好了，这些就是我剩下的故事。

注　释

第 1 章　走进顾客的内心

1. Michael Geheren, "Airline Goes 'Above and Beyond' to Help Mother Whose Son Went into Coma," WGN, May 27, 2015, http://wgntv.com/2015/05/27/airline-goes-above-and-beyond-to-help-mother-whose-son-went-into-coma.

第 2 章　客户服务人人有责

1. 关于斯蒂芬·柯维对此事的详述，参见 *The 7 Habits of Highly Effective People* (New York: Simon & Schuster,1989), 140-142。

2. Kevin D. O'Gorman, "The Legacy of Monastic Hospitality," Hospitality Review 8, no.3 (July 2006): 37, https://strath prints.strath.ac. uk/4975/6/strathprints 004975.pdf.

3. O'Gorman, "The Legacy of Monastic Hospitality," 37.

4. 参见 "Baldrige Performance Excellence Program," NationalInstitute of Standards and Technology, www.nist.gov/baldrige/about-baldrige-excellence-framework-education。

第 5 章　三类客户（以及三种让他们流失的做法）

1. Wharton School of the University of Pennsylvania, "Wells Fargo: What Will It Take to Clean Up the Mess," Knowledge @Wharton,

August 8, 2017, http://knowledge.wharton.upenn.edu/article/wells-fargo-scandals-will-take-clean-mess.

2. "Forsake All Others: Mobile Technology Is Revamping LoyaltySchemes," *The Economist*, September 9, 2017, 64, www.economist.com/business/2017/09/07/mobile-tech nology-is-revamping-loyalty-schemes.

第6章　别只把员工当助手

1. 引自 Bob Clinkert, "What Henry Ford Really Thinks of You," *Unleash the Masterpiece*, October 25, 2013, http://unleashthe masterpiece.com/?p=543。

2. Henry Ford, *My Life and Work*（Garden City, NY: Doubleday,1922）, 72.

3. 参见 Frederick Winslow Taylor, *The Principles of Scientific Management* (New York: Harper, 1911)。

4. 利未记 19:18 新译本。

5. 马可福音 12:31。

6. Jim Collins, "Good to Great," *Fast Company*, October 2001,www.jimcollins.com/article_topics/articles/good-to-great.html.

第7章　首要之事

1. 参见 Andrew Cave, "Culture Eats Strategy for Breakfast. So What's for Lunch?" *Forbes*, November 9, 2017, www.forbes.com/sites/andrewcave/2017/11/09/culture-eats-strategy-for-break fast-so-whats-for-lunch/#4e8774ae7e0f。

第8章　重复的益处

1. Covey, *The 7 Habits of Highly Effective People*, 152-54, 156.

注　　释

第 9 章　驭人者善催逼，领导者善激励

1. James A. Autry, *Love and Profit: The Art of Caring Leadership*(New York: Morrow, 1992), 45, italics original. This book won the prestigious Johnson, Smith &Knisley Award for having themost impact on executive thinking in 1992.

2. Clayton M. Christensen, " How Will You Measure Your Life? " Harvard Business *Review*, July-August 2010, https://hbr.org/2010/07/how-will-you-measure-your-life.

3. Christensen, "How Will You Measure Your Life?"

4. Autry, *Love and Profit*, 17.

第 10 章　跨越管理层与员工之间的鸿沟

1. Aristotle, selections from Nicomachean Ethics, book 1, section 5, in *The Pocket Aristotle*（New York: Simon & Schuster, 1958）, 165.

第 11 章　领导之道是后天培养的技巧

1. William Shakespeare, *Twelfth Night*, act 2, scene 5, lines 1150-51,http://internetshakespeare.uvic.ca/doc/TN_M/scene/2.5/.

2. 引自 Google Answers, " Are Leaders Born or Made?" April 24, 2005, http://answers.google.com/answers/thread view? id=513423。

3. Susan Cain, *Quiet: The Power of Introverts in a World That Can't Stop Talking*（New York: Crown, 2013）, 53.

4. Chip Cutter, " The Inside Story of What It Took to Keep a Texas Store Chain Running in the Chaos of Hurricane Harvey, " *LinkedIn*, September 2, 2017, www.linkedin.com/pulse/inside-story-what-took-keep-texas-grocery-chain-running-chip-cutter.

5. 引自 Stuart Crainer and Des Dearlove, *What We Mean When We Talk about Innovation*（Oxford: Infinite Ideas, 2011），13。

第 13 章　只会"凭感觉"的领导不是好领导

1. "The Man with the Golden Gut: Programmer Fred Silverman Has Made ABC No. 1," *Time*, September 5, 1977, 46-49.

2. 详见"Baldrige Excellence Framework," www.nist.gov/sites/default/files/documents/2016/12/13/2017-2018-baldrige-framework-bnp-free-sample.pdf; see also "About the Baldrige Excellence Framework," www.nist.gov/baldrige/about-baldrige-excellence-framework。

第 14 章　金钱与热爱

1. Marsha Sinetar, *Do What You Love, the Money Will Follow: Discovering Your Right Livelihood*（New York: Dell, 1987）.

2. 传道书 9:10 新译本。

3. 引自 Martin Manser, *The Facts on File Dictionary of Proverbs*（New York: Infobase, 2002），262。

后记　余下的故事

1. 诗篇 91:4 和合本。

2. 马太福音 21:5 ［和合］引用撒迦利亚书 9:9。

3. 马太福音 7:12；路加福音 6:31。

4. 腓立比书 4:6-7 新译本。

最新版

"日本经营之圣"稻盛和夫经营学系列

任正非、张瑞敏、孙正义、俞敏洪、陈春花、杨国安 联袂推荐

序号	书号	书名	作者
1	9787111635574	干法	【日】稻盛和夫
2	9787111590095	干法(口袋版)	【日】稻盛和夫
3	9787111599531	干法(图解版)	【日】稻盛和夫
4	9787111498247	干法(精装)	【日】稻盛和夫
5	9787111470250	领导者的资质	【日】稻盛和夫
6	9787111634386	领导者的资质(口袋版)	【日】稻盛和夫
7	9787111502197	阿米巴经营(实战篇)	【日】森田直行
8	9787111489146	调动员工积极性的七个关键	【日】稻盛和夫
9	9787111546382	敬天爱人:从零开始的挑战	【日】稻盛和夫
10	9787111542964	匠人匠心:愚直的坚持	【日】稻盛和夫 山中伸弥
11	9787111572121	稻盛和夫谈经营:创造高收益与商业拓展	【日】稻盛和夫
12	9787111572138	稻盛和夫谈经营:人才培养与企业传承	【日】稻盛和夫
13	9787111590934	稻盛和夫经营学	【日】稻盛和夫
14	9787111631576	稻盛和夫经营学(口袋版)	【日】稻盛和夫
15	9787111596363	稻盛和夫哲学精要	【日】稻盛和夫
16	9787111593034	稻盛哲学为什么激励人:擅用脑科学,带出好团队	【日】岩崎一郎
17	9787111510215	拯救人类的哲学	【日】稻盛和夫 梅原猛
18	9787111642619	六项精进实践	【日】村田忠嗣
19	9787111616856	经营十二条实践	【日】村田忠嗣
20	9787111679622	会计七原则实践	【日】村田忠嗣
21	9787111666547	信任员工:用爱经营,构筑信赖的伙伴关系	【日】宫田博文
22	9787111639992	与万物共生:低碳社会的发展观	【日】稻盛和夫
23	9787111660767	与自然和谐:低碳社会的环境观	【日】稻盛和夫
24	9787111705710	稻盛和夫如是说	【日】稻盛和夫

诺贝尔经济学奖经典文库

全套精装

站在巨人的肩头
眺望21世纪经济学的雄伟殿堂
厉以宁 何帆 专文推荐
经济学领域必备必读之书

书号	书名	定价	作者	特点
978-7-111-50195-4	计量经济学的问题与方法	65.00	（挪）拉格纳·弗里希（Ragnar Frisch）	作为计量经济学的创始人之一，作者从体制角度和科学角度诠释了计量经济学的概念和面临的问题
978-7-111-51854-9	两个幸运的人：弗里德曼回忆录	100.00	（美）米尔顿·弗里德曼（Milton Friedman）	一部反思20世纪经济的恢宏巨著，清晰地勾勒出弗里德曼经济学思想的发展脉络
978-7-111-49213-9	效率、平等和财产所有权	40.00	（英）詹姆斯 E.米德（James E. Meade）	如何保护我们的财产，有关人口、教育、智商、遗产税、房产税
978-7-111-49228-3	聪明激进派的经济政策：混合经济	55.00	（英）詹姆斯 E.米德（James E. Meade）	西方国际经济宏观理论和国际经济政策领域的开拓者作品
978-7-111-50184-8	经济增长理论	80.00	（英）阿瑟.刘易斯（W. Arthur Lewis）	现代宏观经济学缔造者代表作
978-7-111-53881-3	施蒂格勒自传：一个自由主义经济学家的自白	60.00	（美）乔治 J.施蒂格勒（George J. Stigler）	信息经济学和管制经济学的创始人 真实反映了美国经济学家生态圈和生存方式
978-7-111-51417-6	价值理论：对经济均衡的公理分析	40.00	（美）吉拉德·德布鲁（Gerard Debreu）	现代数理经济学划时代的名作，充分体现了价格理论在经济理论中占据的地位
978-7-111-47930-7	为什么我也不是保守派：古典自由主义的典型看法	45.00	（美）詹姆斯 M. 布坎南（James M. Buchanan）	理解西方国家制度本源的必备基础读物
978-7-111-54629-0	投资组合理论与资本市场	80.00	（美）威廉 F. 夏普（William F. Sharpe）	奠定了夏普博士作为金融思想巨人的地位。
978-7-111-53557-7	资产组合选择和资本市场的均值-方差分析	90.00	（美）哈里 M. 马科维茨（Harry M. Markowitz）	现代投资组合理论之父马科维茨作品
978-7-111-54183-7	风险-收益分析：理性投资的理论与实践（第1卷）	69.00	（美）哈里·马科维茨（Harry M. Markowitz）	"现代投资组合理论之父马科维茨最新作品，长达半个世纪的研究和调查"
978-7-111-59067-5	风险收益分析：理性投资的理论与实践(第2卷)	95.00	（美）哈里·马科维茨（Harry M. Markowitz）	"现代投资组合理论之父马科维茨最新作品，长达半个世纪的研究和调查"
978-7-111-52836-4	人力资本（原书第3版）	90.00	（美）加里·贝克尔（Gary S. Becker）	人力资本理论创始人贝克尔的代表作
978-7-111-49233-7	政治算术：西蒙·库兹涅茨与经济学的实证传统	50.00	（美）罗伯特·威廉·福格尔（Robert William Fogel）	美国GNP之父故事，生动演绎经济学如何成为宏观经济政策的幕后操纵者
978-7-111-52295-9	苦难的时代：美国奴隶制经济学	55.00	（美）罗伯特·威廉·福格尔（Robert William Fogel）	经济计量史学上的革命性作品，改写了美国经济史

彼得·德鲁克全集